밤비가 파두에 젖는다

최형일

구례에서 태어나 충청도에서 자라고 창원에서 살고 있다.
1990년 『시와 의식』을 통해 시인으로 등단했다.
시집 『나비의 꿈』 『아무도 울지 않는 시간이 열리는 나무』 『밤비가 파두에 젖는다』를 썼다.

PARAN IS 15 밤비가 파두에 젖는다

1판 1쇄 펴낸날 2025년 12월 10일
지은이 최형일
인쇄인 ㈜두경 정지오
디자인 이다경
펴낸이 채상우
펴낸곳 ㈜함께하는출판그룹파란
등록번호 제2015-000068호
등록일자 2015년 9월 15일
주소 (10387) 경기도 고양시 일산서구 중앙로 1455 대우시티프라자 B1 202-1호
전화 031-919-4288
팩스 031-919-4287
모바일팩스 0504-441-3439
이메일 bookparan2015@hanmail.net

ⓒ최형일, 2025, printed in Seoul, Korea

ISBN 979-11-94799-19-1 03810

값 12,000원

*이 책 내용의 전부 또는 일부를 재사용하려면 반드시 저작권자와 ㈜함께하는출판그룹파란 양측의 동의를 받아야 합니다.
*잘못된 책은 바꾸어 드립니다.
*지은이와의 협의 하에 인지는 생략합니다.

밤비가 파두에 젖는다

최형일 시집

시인의 말

거울 속에서 희디흰 뼈들이 자라듯이
닮음과 비슷한 것들이 기억을 비튼다
혼자서도 알을 까고 자라고 날아간다
거리와 시간 넘어 스며들고 사라진다
끝없이 흩어지고 깨어지고 부수어진다

차례

시인의 말

제1부 시뮬라크르의 봄
시뮬라크르의 봄— 진해 행암에서 한나절 – 13
덩굴장미 1 – 20
덩굴장미 2 – 21
자작나무 숲에는 초록이 산다 – 22
뫼비우스 띠 – 24
백일홍 아래서 – 25
멜랑콜리 에피소드 – 26
낙엽 – 28
인터셉트 – 30
공중화장실 앞에서 – 32
안티 오이디푸스 – 33
갈대 – 34
가포로 가는 길 – 35
퇴화 – 36
망종(芒種) – 38
거미의 집 – 40
다호리 텃밭 – 42
산책 – 43
백색 항아리 – 44
물질하는 여자 1 – 45
물질하는 여자 2 – 46
물질하는 여자 3 – 47
K 조선소 – 48

르네 마그리트 – 50

세잔의 정물, 푸른 사과 – 51

나무의 시문(詩文) – 52

단어를 찾아서 1 – 53

단어를 찾아서 2 – 54

봄날, 안민고개 – 55

봄날, 바다로 간 공룡들 – 56

봄 – 58

부랑(浮浪)―광인들의 배 – 59

제2부 수집가의 알고리즘

수집가의 알고리즘 – 63

채집기(採集期) 1―문체반정기(文體反正記) – 64

채집기(採集期) 2―무선 마우스 – 66

채집기(採集期) 3―국수의 기하학 – 67

시(詩)의 성장기 – 68

벚꽃의 독백―페르난두 페소아 식으로 – 70

굿 킬 – 71

벚나무와 자전거에 대하여 – 72

해열제 – 74

시선의 욕망 – 75

골조공사 – 76

봄―응시의 가면 – 77

봄눈 – 78

목련 – 80

어떤 기억들 – 82

꽃 - 84

문밖에서 - 85

계단의 말 - 86

가음정 장미공원 - 87

바깥 - 88

용지호수 - 89

평면거울 - 90

가문비나무 옆 거칠고 긁힌 거리를 나서며 - 91

청동거울 속 여행 - 92

매미 집 - 93

쓰레기통 - 94

하늘소 - 95

해바라기 ─ 고흐가 그랬다 - 96

반구대 암각화 - 98

가상현실 - 100

제3부 얼마를 더 가야 그리움이 보일까

청동의 시간 - 103

버려진 속도들 - 104

튤립 - 105

므네모시네 - 106

상남시장 - 108

창원 연대기 - 110

터널을 지나며 - 112

푸른 수염 나비 - 113

바다의 편지 1 - 114

바다의 편지 2 – 115
밤비가 파두에 젖는다 – 116
파두에 젖다—진주 유등에 부쳐 – 117
바닷가 터미널 구두점 점묘 – 118
스피노자의 렌즈 – 119
동굴의 우화 – 120
해변 식당에서 – 121
바다 한 점 – 122
화엄경을 읽다 – 123
동충하초 – 124
우두커니 – 126
화분의 상상력 – 128
계엄령 – 129
얼마를 더 가야 그리움이 보일까 – 130
아카시아 초록 시첩(詩帖) – 131

해설
오민석 파편화된 기표들의 그물 – 132

제1부 시뮬라크르의 봄

시뮬라크르의 봄
― 진해 행암에서 한나절

1. 유사한 봄날

 진해 봄은 바다보다 먼저 물든다 벚꽃이 하얀 산비탈을 오르고, 초록빛 새순에서는 새소리가 났다 바다를 끼고 도는 마을과 산마루 벚꽃 무리가 그 작은 뱃머리 위로 물그림자로 옮겨 앉는다 소낙비에 튕긴 음표 따라 고깃배 위로 꽃잎이 날린다 물오리 떼가 희끗희끗 고개를 수그려 부두의 서사를 줍는다 비릿한 창틀 바람이 스친다 부두 뱃머리 깃들이 중얼거린다 너를 닮을 때 나는 비로소 삶을 연다 수직 창문이 수평의 바다를 연다 느린 파도의 무늬들 푸른 파래 해조음을 모래 가생이에 풀어놓고, 창 넘어 바다를 연다 언제인지, 언제부터인지 늘 같은 바다는 어디부터인지 읽고 간 문장인지, 기억나지 않는 부두에 삶을 켠다

2. 창틀에 핀 봄날

 비릿하다 바다가 숨 쉬듯 둑길 이끼들이 금방 오므라들어 솜털처럼 파릇파릇 물결친다 늦은 오후가 내려앉아 펄럭인다 물의 뼈들이 갯가에 걸린 그물에 반짝인다 덜 마른 물비늘이 비워진 공간과 공간 사이를 비튼다 멀어짐과 사라짐에

익숙한 바다가 있다 사라짐 없이 살아 내는 바다는 없다 바다에 떨어진 벚꽃들이 물고기 떼를 불렀다 고깃배 사이 꽃잎들 물고기 밥인 양 끄덕끄덕 떠돈다 일어나면 물결이 일고 누우면 활짝 펴는 부두처럼, 페인트가 벗겨진 배들이 서로를 토닥거리며 저녁을 맞는다 파도인지 물결인지 하루의 기억이 새김질이다 기억나지 않는 문장이 오간다 물결의 기억을 그물에 꿰는 바람이 뒤척인다

3. 나무배

에미는 바다를 지고 말이 없다 지나고 나면 금방 둑길쯤에 흩어진 날을 포구는 안다 꽃가루가 바위틈에서 작은 물미역으로 나풀거린다 돌아오지 않는 바다를 안은 채, 물가로 어조사를 잇고 나눈다 몇 덩이 형용사를 묻게 펴며 번진다 뭍으로, 접속사를 붙여 잇는다 풍경이 줍는 바다의 말들이 집을 찾는다 부둣가 가로등 아래 비늘이 날린다 나비들이 한 잎 두 잎 나풀거린다 기억나지 않는 서술어로 길게 눕는다 짠 내를 헹군 저녁 햇살이 들썩인다 이곳 누구나 돌이킬 수 없는 봄날 하나쯤 바다에 묻고 산다고, 행암만 봄날은 안다 바닷길을 게워 내고 거울이 파도를 게워 내고 그녀를

게워 내고 둑방길을 게워 내고 익사체 같은 봄날을 게워 내고 꽃잎 지는 바람을 후려친다 에미는 뒷짐으로 말한다

  4. 봄날은 간다

  거짓말처럼 불었다 떠다니는 벚꽃이 머뭇거린다 바다는 그 꽃잎으로 잔잔히 끌어당긴다 희고 투명하게 모래무지들 물빛 따라 멀어진다 너의 풍경에 있지만 너를 가리키지 않는다 어딘가로 여전히 이어지고 있을 파도의 기척을 실어 나르고 있다 서로를 밀착한 채 가면 같은 아침을 씻는다 배들이 창가로, 메모지로, 희미하게 스며든다 기억나지 않는 이름을 부르고, 존재하지 않는 시간을 쓴다 왜 이곳에 있냐고 묻는다 봄은 너무 빨리 지나가고, 물결은 이미 봄을 잊었다고, 꽃이 떨어진 부두 둑길에 초록을 심는다 사라지는 물결이 먼바다를 당긴다 사라짐 속에서만 피는 바닷길 따라 봄날은 간다 기억나지 않는 바닷길을 찾아 배들이 멀어진다

  5. 바다 너머

  초록이 둑길을 오른다 우리가 길이라 부르는 것은 망설임

이다 바다는 매일 같은 풍경을 바라보지만, 파도는 늘 다른 문장을 건넨다 먼 뱃고동 소리가 꽃잎처럼 진다 포구는 터널처럼 긴 외로움으로 눕는다 새순이 연둣빛이다 말없이 이미 많은 말을 하며 서 있다 다시 바다를 본다 작은 고깃배들이 뱃머리를 낮춘 채 햇볕을 쬔다 두리번대는 어제의 햇볕은 따뜻했고, 오늘의 햇볕은 약간 더 길다 바다 너머로 파도는 사라짐과 드러남의 연속이다 늘 수평인 바다는 안다 사라진다는 건, 매일 새로워진다는 것을 기억 넘어 초록이 짙어 가는 이유를 아는 것이다 죽음은 조용히 바다를 덮는 햇살처럼 물결치며 삶을 적는다 행암만이 묽게 머문다 메모지 위 햇살이 다가와 물결의 언어를 적신다 봄날은 바다 너머에 지고 행암만 바람과 물빛은 문장으로 다가온다

6. 글을 쓰는 물고기

바람에 날린 벚꽃 무리가 항구에 떠돈다 일렁이는 물비늘이 눈부시다 뭉게구름 아래로 물고기 떼가 흘러간다 물결을 읽는 중이다 폴폴 날리는 꽃잎 사이로 눈이 만지는 대로 번지는 바람의 언어를, 파도는 한 잎 두 잎 주워 먹는다 조각난 퍼즐을 다시 새긴다 수많은 아무도 쓰지 않은 무늬를

중얼거린다 항구를 떠나 돌아오지 않는 말들이 벚꽃으로 핀다는 전설은 항구만 아는 사실이다 어느 배도 건져 올리지 못한 기억이 핀다는 바다는 벚꽃에 묻는다 죽은 바닷새와 항구에 묶인 나무배들의 침묵을, 잎이 진 나무 죽은 새의 접은 죽지에 젖은 저녁을, 서로 다른 언어가 파닥인다 매운 냄비 한 사발, 깔깔한 바다 한 숟갈

7. 사라진 문장

벚꽃이 모두 졌다 뼈만 걸친 나무의 시간을 부두는 안다 벚나무 아래 죽은 길고양이 기억쯤은 잘게 부숴 파도에 보낼 줄도 안다 하얀 먼바다가 흘러갔다 지는 꽃이 초록에 들도록 푸른 잎들이 지저귀는 시간을 안다 그 잎들이 비추는 바다가 있다 사라지는 문장을 물고 물고기 떼가 거울로 들어간다 비린내가 희미하게 번진다 비늘의 흔적이 여전히 머물며 다시 쓰이지 않은 물결에 뒤척거린다 얇은 종잇장 아래 성별을 알 수 없는 파도의 무늬를 베낀다

8. 봄날의 기억

초록이 산을 가득 채우기 전, 바닷가에는 봄의 그림자만 남았다 지는 벚꽃이 파도에 젖어 떠내려가고, 해초와 모래가 엷은 숨결처럼 숨을 쉰다 기억을 물고 떠난 물고기 떼는 지난 바다가 남긴 바위틈을 들락거린다 해안선을 들락거리는 행암만은 말없이 시간을 품는다 떠나간 물결, 사라진 문장, 그리고 바다의 기억까지 그 풍경 안에서 부재한 봄날은 물때에 절인 결처럼 말없이 풍경이 된다

9. 무늬

벚꽃은 없다 초록이 묻었다 바다는 말이 없다 빈 고깃배만 남았다 물결이 잠잠하다 숨이 길다 바람은 고깃배 아래로 파고든다 꽃잎은 물 위에 떠돌다 사라지고 무늬를 불렀다 말이 아니, 기억도 하지만 남았다 쓰이지 않은 것들 닿지 않은 말들 버려진 모양들 그것이 바다의 문장이라는 그것을 바람이 돛을 툭 칠 때까지도 고깃배는 몰랐다 아니 모른 척했다 끄덕끄덕 봄날이 저문다 파도가 달려오면 바람은 자리를 떠나간다 누구도 바다의 끝을 묻지 않는다 봄날의 무늬처럼 충분한 어쩌면

10. 뱃노래

  저녁 바람이 부두에 선 바람막이 옷깃으로 날아든다 불룩해지도록 허리를 돌아 파고든다 바람에서는 갈매기 소리가 난다 모래 묻이 하는 소리로 읊조린다 팽팽하게 졸라맨 머리 모자를 확 벗겨 간다 바다를 마주한 밤 부두로 날아간다 날아가는 갈매기를 쫓는다 내 머리를 낚아챈 갈매기를 따라간다 머리통을 낀 채 곤한 돛대가 펄럭인다 누가 부르다 만 노래방 기기가 깜박거린다 바람막이 점퍼가 날려 보낸 갈매기 떼가 한 박자 느린 허리춤을 치켜올린다 죽지가 걸쳐 올린 음계에 갈매기 떼가 점퍼 속으로 뛰어든다 한가득 생선 내음이 점퍼 속으로 사라진다

덩굴장미 1

― 붉은 갑옷의 광기를 두른 랍스터 한 마리

―

덩굴장미 2

하지정맥류에 걸린 낮달이 담을 넘는다
작은 새의 머리를 바삭바삭 씹어 먹는다

자작나무 숲에는 초록이 산다

주전자에 끓어오르는 하얀 수증기,
알알이 흩어진 뼈들이 숲에 이른다
오월 자작나무 숲에는 초록이 산다
타오르는 볕들이 불을 지피는 곳에
푸른 이파리 우거진 자작나무 사이로
앙상한 부리를 박은 채
문득 좌선에 든 저 새들은 누구인가

두 손을 모아 차를 마신다 입안이 잎들의 소리로 가득하다
평편하게 따스하게 기억이 잠시 눈을 감는다 검은 숲속의
자잘하고 둥글둥글한 조약밭의 문장을 읽는다

여름이 사방으로 피어오르는 입하에
사람이 살지 않는 자작나무숲에서는
누군가 죽은 자들의 말을 걸어오고
내가 그를 모르듯, 그가 나를 모르듯
이미 오래전 사라진 나를 깨우기도 한다

한 줌의 볕을 쥐고 숲으로 들어간다
돌들에 부딪혀 햇살이 굽어 드는 방,

둥근 물방울에 갇힌 숲을 바라보다가
젖은 혀를 말리는 거울 속의 나를 본다
볼록하게 다가와 오목하게 멀어지는
흐릿한 숲속의 둥근 방들이
편도선 아래 칼칼하다 붉은 화두 하나로

뫼비우스 띠

　본다 결국 돌아와 있다 지금 여기 몇 번째인가 되돌아본다 보나 마나 맨 그런 것이다 꽃이 진다 시든다 사라진다 지나간다 때 지났다 떠난다 흩어진다 보이지 않는다 볼 수 없다 보일 수 없다 찾을 수 없다 냄새난다 스며든다 만질 수 없다 더는 없다 죽은 새들이 수북하다 바닥에 뒹군다 발길에 차인다 흙먼지에 섞인다 발버둥이다 나는 줍는다 하얀 뼈를 꽃의 언어를 봄의 소리를 수습한다 쓸어 담는다 바로 여기서 죽은 새와 떨어진 꽃들의 이름을 지워야 한다 출출하다 오븐을 켠다 굽는다 뒤집는다 누른다 바람이 떤다 견디지 못한다 계곡을 지나 바위를 지나 우듬지 지나 가지를 지나 이파리마다 새소리가 난다 뾰족하다 부리가 자란다 연초록이 든다 찾아든다 되돌아온다 되풀이하는 거 살아야 하는 거 시동을 건다 움직여 봐야겠다 도리 없다

백일홍 아래서

안 하는 편을 택하기로 했다

나무 아래 길고양이가 죽은 날부터
아무 일도 없이 꽃들은 피고 지고
여름이 오가는지도 모르게 길었다

바닷가
언덕배기 집 창문은 늘 그대로다

백일홍 아래 고양이가 죽었다
관광객이 던져 준 사료 더미에
볕들이 흩어지도록 바다는 몰랐다

어항의 기침이 푸르도록 백일홍은 붉다

멜랑콜리 에피소드

一
젖은 몸과 메마른 말,
돌아오지 않는 파도의 문장들이
꽃 피면 누군가는 사라지는 부둣가에서
파도는 죽은 꽃잎을 한 아름 쏟고 간다

순례를 마친 물결이
나무배 옆선을 읽거나 읽는 중이다
절취선 아래 마주한 화음들이 중얼거린다

물에 풀어진 담배꽁초, 떠다니는 죽은 꽃잎들, 구경꾼처럼 늘어선 골목길 세발낙지집, 연탄 화로에 나는 젖은 머리를 눕힌다 나의 언어는 모락모락 푸른 불꽃들로 옮겨 간다 뜨끈하게 등뼈를 편다 허옇게 거품이 부풀어 오른다 한입 검은 육즙이 쏟아진다 흑담즙이 터진다 개흙 박힌 음울이 쿨렁댄다 들썩이는 울음을 줍는다 쪼그려 앉은 수국에 파도가 쏟은 새들이 파닥거린다 흘수선 따라 떠도는 자들, 늘 평면에 잠들이, 자리를 허락받지 못한 자들이 흰 천으로 얼굴을 가린 채 수면 아래 잠든다

二
값싼 외국인 노동에조차 밀려난 가벼운 손

가벼움, 더는 소망조차 버거워 보이는 거기
멀리 거대한 조선소 크레인 위 검은 사각형,
빼앗기거나 번번이 빈털터리의 가여운 손들이
한 번도 같이 살아간 적 없는 시간을 넘긴다

레모네이드, 모든 것이 너무도 무한했다

*레모네이드, 모든 것이 너무도 무한했다: 카프카 편지집(Briefe 1902-1924) 마지막 문장.

낙엽

一　　잎들이 진다
　　　바깥의 기호를 옮긴다
　　　말들의 풍경을 그린다

　　　나무의 뼛조각을 줍는다
　　　문장의 행갈이를 짚는다
　　　가지마다 널려 놓은 깊이를
　　　평면으로 수습하는 중이다

　　　가지마다 여백을 켠다
　　　헐린 구멍들이 열린다
　　　끝 모를 깊이로 열리는 것들
　　　눈구멍에서 머리로 가는 것들
　　　귓구멍에서 뇌로 가는 것들
　　　콧구멍에서 숨 쉬는 것들
　　　주둥이에서 빨려 가는 것들
　　　바깥 풍경들 한 발짝씩 떨며 들어간다

　　　숨 쉬게 해 주는 것
二　　가두고 있는 것

거부하는 것
저항하는 것
빈 어항에 남은 풍경들
불룩한 바닥으로 파닥인다
파닥인 바람이 햇살을 몬다
몰려 휩쓸린 금붕어가 튄다

나를 벗어 나간 것들
다시 나로 돌아오는 것들
다만, 나는 뇌가 아니다

*나는 뇌가 아니다: 마르크스 가브리엘, 『나는 뇌가 아니다』, 전재호 역, 열린책들, 2018.

인터셉트

바닷가 수국이 피는 날이면
아이들은 모여서 축구를 하고

구멍 난 신문 쪼가리가 여기저기
볕을 가로챈 오후가 파도에 번쩍인다

센터서클을 넘어선 아이들은 좀처럼
다시 돌아오지 않는다
수평선을 넘어선 고깃배들은 한참을
다시 들어오지 않는다

코끼리를 생각하지 말라 말하면
나는 코끼리를 생각하고
뱃길 따라 비친 그림자를 찾아 나서면
나는 돌아오지 않는다

수국은 피고
바닷가 아이들은 축구하고
어항 속 물고기들은
입 모양만으로 말을 건다

물속에 수국이 피는 한낮의 잠,
이것은 꿈이 아니에요, 기억이에요

---

*인터셉션: 크리스토퍼 놀란 감독의 SF 영화(2023)의 제목 '인셉션'을 패러디. '이것은 꿈이 아니에요, 기억이에요'는 영화 대사.

공중화장실 앞에서

 문 앞에서 멈춰 선다 하늘색 파라솔 아래 붕어빵 아이스크림을 파는 아줌마의 안내를 따라 먼저 도착한 표지판이 나를 가둔다 뚜렷한 두 가지 생식기가 나보다 앞선 물음이다 아직 오지 않은 기별을 어떻게 읽어야 할지 알 수 없지만 나는 금속성 손잡이가 달린 문 앞에 멈춰 선다 뙤약볕이 파닥인다 네모진 빈칸이 주저앉는다 되돌아 앉아 휴지를 움켜쥔다 눈앞의 문이 바깥을 포획한다 뒤를 닦인 생식기가 멀쑥하다 오목하거나 불룩한 지느러미가 볼일 다 본 뒷모습들 사이로 사라진다

안티 오이디푸스

 한 묶음 꽃이 꽃병에 박혀 있다 정갈하게 씻긴 주검에서 붉은 수증기가 피어오른다 아직 남아 있는 꽃의 온기가 퍼진다 가끔 유예된 죽음이 딸꾹질한다 좁고 긴 구멍 속에서 꽃이 진다 내가 빨려 들어간다 나를 낳은 구멍들이 향기를 내뱉는다 나는 어리석은 사랑을 앉히지 않았다 그건 꽃이 아니다 하지만 살아 있다 기억나지 않는 생들이 피어난다 나는 구멍에 조각난 유리 파편과 철사, 시멘트와 고장 난 USB를 꽂고 이어폰을 꽂고 잎이 말린 비명을 듣는다 꽃병은 더 이상 꽃을 담는 구멍이 아니다 구멍 속의 여자가 구멍을 일으키며 쏟아진다 그녀는 내 안에서 자신을 읽는다 그곳은 걸음마를 시작하기도 전, 사물들을 향해 손을 뻗기도 전 내가 살았던 곳, 내 영혼의 바닥이다 구멍에서 쏟아진 몸에서 붉은 수증기가 피어오른다 바닥에 햇살이 튕겨 오른다 그림자가 기억을 조립한다 자라나는 줄기들이 한 단어씩 한 단어씩 연결되어 나가고 꽃과 꽃잎, 뿌리와 순들이 뻗어 가는 것을 들었다 번식을 위한 움직임을 구멍의 이동을, 그때 나는 내 속에 있었고 나는 그녀의 나 안에 있었다 내가 아직 그 안에 살던 때 나는 입구로 가는 길을 잃지 않았다

갈대

밤새 떨어진 흰 달을 줍는 강을 따라간다
마산만 두물머리엔 자유수출 지역이 있다
추락한 불빛이 바스락대는 갈대밭이 있다
집 나간 여자처럼 다시 돌아온 새 떼들이
콘크리트 각질로 기억을 섞어 가는 물길이
어린 여공의 그리움과 눈물을 조립하거나
육중한 파도와 겉 묽은 강물을 납땜하는
뒤틀린 역사와 시대의 부조화가 주저앉아
처녀 때 무릎관절을 드라이버로 조여 간다
물고기들이 갈대밭 죽은 새를 바라보듯이
바람의 뼈들이 하얀 울음을 풀어놓는다
가로줄 커튼 사이로 주름 암막을 펼치면
저 홀로 희미하게 빛줄기 속을 부유하거나
아무도 안 보는 곳을 찾아 죽어 갈 것이다
부르튼 손등과 굵어진 허리로 진흙에 묻혀
봄이 와도 붉지도 여름이 와도 푸르지도 못한
플라스틱 가루와 쇳조각들이 서걱일 것이다
마산만 두물머리엔 바스락대는 갈대밭이 있다
저녁이 지고 아침이 드는 자유수출 지역에는
알전구에 갇힌 죽은 새들이 환한 밤을 켠다

가포로 가는 길

　매운바람이 마른 가지에 울고 낯익은 길들이 눈 속에 묻혀 어디선가 얼음장 터지는 소리가 거짓말처럼 들려오는 하수종말처리장 투석을 마친 정규화 시인이 담배를 태우며 죽지 않은 오후에 변절한 누에 똥내를 탓하던 마산결핵병원 길, 나비가 돌아오지 않는 길섶에 권환, 이은상이 있고, 돌아보면 이병주, 천상병, 김수돈, 김춘수, 조향이 수국으로 핀다 꽃잎이 얇아 마음이 걸린 지하련을 만난 임화가 있고, 청보리 패는 날이면 개돼지만도 못한 날을 등진 위암의 묘가 꺾어지며 다가선다 시는 죽어 살아난다는데 조립식 가구 거리만 줄지어 있고 맞은편 정규화 시인이 커다란 전화기를 들고 누워 있고, 엊그제 치과에 들러 찾은 마산문학관 자료실에는 조금밖에 죽지 않은 오후가 비스듬히 눕고, 가포만 파도의 뼈를 수습한다 시리도록 굽이치는 가포 둘레길을 돌아 나선다 학예사가 벗어 놓은 흰 장갑과 낡은 전동드릴 소리가

*얼음장 터지는 소리: 임화, 「너 어느 곳에 있느냐」.

퇴화

아침에 일어난 나의 손에 지느러미가 돋았다

눈앞에 있으나 잡히지 않는 상징들이 스크린을 헤엄치며 사라지고, 순간의 선택이 골목마다 광고처럼 지난다 굳은살이 박인 흐린 창문으로 한때 망치와 모루를 감싸던 손바닥 각질이 뿌옇게 떠간다

혀끝 단어들이 조가비에 낀 모래알을 씹거나, 등고선 사이로 소금기에 절인 채 중얼거린다 시선을 따라 문장을 읽어가는 AI 음성이 낮은 기압골로 밀려오고 엄지와 검지만 남은 손아귀 사이가 얇아진다

언젠가 우리는 성별 없는 물고기처럼 산란하고, 수족관 아래 발톱을 걸치고 고양이가 들여다본다 가늘고 긴 수염이 흘낏 깜박거린다 지도에도 없는 곳에 뿌려진 투명한 알들이 꼬리를 감추며 물고기 떼를 찾는다

퇴화한 사전이 두툼하게 부풀어 오르도록 나는 모니터 속을 미행할 뿐이다 몰아쉰 숨소리에 시든 배꼽에서 흘러나온 탯줄이 수족관 수초 사이로 엉킨다 두 눈을 깜박대며 영

혼이 오늘도 빈 자루를 끌며 가벼워져 간다

망종(芒種)

　몹쓸 사람, 서로 눈빛을 피해 그릇째 들이켠다 올챙이국수를 먹으며 귀를 동그랗게 말아 본다 꼬물꼬물 헤엄치는 뼈 있는 낟알을 한 수저 가득 뜬다 살구나무가 분홍치마로 펄럭이던 시큼한 동네 어귀를 지나 까치발로 다가온 슬픔이 목구멍에서 *까끄라기* 친다

　그렁대는 물꼬에 낭창이던 풀잎이 시퍼 보여 떠난 것도, 가파른 도시 골목 끝에서 덩굴장미꽃이 담장 아래 가래를 내뱉는 것도, 나를 몰아간 불빛이 멈춰 선 까닭일까요

　행색이 꼴이 아니다 회로가 끊어진 봄날은 비가 와도 푸르지 않고 눈이 와도 맑지 않은 기억으로 논투성이다 올챙이국수 그릇에 비눗방울처럼 떠도는 저간의 사정을 장막처럼 읽는다

　들쥐가 뚫어 놓은 구멍을 메꿔 콩을 놓고 올챙이 알을 두 손아귀로 뿌리던 날이, 뉴트리아가 낯선 울음을 울고 당산나무보다 큰 바나나가 열리는 것이, 우리가 고향 난간에서 올챙이국수를 들이마시며 떨리던 손등일까요

들이킨 그릇 아래 바닥이 둥글다 찰랑대는 국물이 한 옥타브 위 구름처럼 벙근다 걸쭉한 삼각형으로 빨려 든다 송골송골 입술을 타는 올챙이가 한입이다 갑골 문양 날달걀이 껍질을 깐다

거미의 집

一
　부재를 직조한 원형의 폐허가 있다

　나이 들어 얼마 남지 않은 출근길,
　모두 떠나 홀로 남은 아파트 문을 나선다
　밤새 쓰다 만 문장을 곱씹으며 길을 나선다

　꿈을 꾸었고, 중심 없는 뼈와 삶을 짓고, 죽음의 무늬를 놓았다

　유리문 거미줄에 걸린 나방 한 마리 나풀거린다
　방사형 아침 햇살에 비친 눈부신 죽음이 소복하다

　시동을 켠 자동차 백미러에 나방의 몸짓이 스친다
　산 입에 거미줄 치듯이 구겨 넣은 평면의 시간은
　씨줄과 날줄이 끈적하게 잇는 오래된 밥줄의 반복,
　거울의 집을 나선 방의 풍경은 이미 그곳에 없다
　거미줄 같은 길거리에 분주한 삶들이 나풀거린다

二
　문장과 문장을 기대어 늘어지고 팽팽해지며 얇고도 끈질긴 의미의 그물을 만들어 간다 한 문장이 다른 문장을 불러

내거나 또 다른 문장이 그 문장을 잇거나 오래된 문장을 지우거나 다시 첫 문장 이전의 기억을 당기며 바람도 없는 허공의 한가운데에 머뭇거리다가 나는 실은 신호등이 바뀐 것도 모른 채 회전교차로에서 발버둥 치는 거미줄에 걸린 날벌레가 된다 백미러에 나방의 몸짓이 스친다 나는 끝없이 호출된 문장 속 인용부호이거나 침묵이고 여백이며 모든 문장의 뒤에 숨어 있거나 그 앞에 나타나는 다음 문장의 시작이다

   짓다 만 시문을 중얼거리며 차를 몰아간다
   사냥감을 노리듯 앞다리를 접어 가슴에 붙인다
   길들은 거미처럼 문장과 문장 사이를 직조한다
   쉼 없이 기억의 뼛조각을 뽑아 길과 길을 잇는다

다호리 텃밭

　이천 년 전 누군가 여기 참나무 목관에 스물여덟 개의 밤톨과 굳은 나무껍질을 감고 누워 있었다 그 곁엔 말린 감이 셋, 어느 제사 때 바쳐졌는지도 모를 붉은 살결이 말라붙어 있었다 나는 다호리 텃밭 비탈에 상추를 심는다 방울토마토와 강냉이, 깻잎을 만지며 하루에 한 번씩 물을 뿌린다 부드러운 흙이 손가락 끝에서 숨을 쉰다 한 알의 씨앗은 언젠가 흙의 기억으로 남을 것이다 햇살이 토마토 껍질을 당기고, 바람이 깻잎의 숨을 고른다 나는 굽은 허리로 물을 주고, 감나무 몇 그루와 밤톨 하나가 이천 년을 건너 가장자리에서 싹을 틔운다 흙은 삶과 죽음의 질서, 비어 있으나 모든 것을 가능하게 하는 기억이다 어떤 이는 그 안에 몸을 눕히고 어떤 이는 씨앗을 심는다 마른 곶감의 단맛은 사라졌으나 나는 방울토마토 하나를 따서 입에 넣는다 달콤하다 갈대숲 작은 왕국의 언어가 입안에서 터진다

*창원다호리고분군(昌原茶戶里古墳群): 경상남도 창원시 의창구 동읍에 있는, 고대국가 형성기의 고분군으로 대부분이 널무덤이다. 특히 갈대밭 습지 구릉이라 원형에 가까운 참나무 목관과 장례 의식 때 남긴 말린 감 셋과 밤톨 28개가 썩지 않고 남았다. 철기 제품, 토기 및 중국의 성운경과 오수전 따위가 출토된 것으로 당시 신분사회의 모습 및 중국과의 교역을 확인할 수 있는 자료이다. 사적 제327호.

산책

칠흑의 밤, 산책을 나선다
물렁한 평면들이 밀고 당겨 오고
용접 불꽃들이 연꽃처럼 핀다

진해 작가촌에서 K 조선소까지
어둠 속 배들이 와선(臥禪) 중이다
몇 겹의 문을 걸어 둔 바다에 누워
철퍼덕철퍼덕 소리를 던져 준다

모양도 없고
냄새도 없고
연꽃도 없는

물고기 떼가 어두운 문턱을 넘어간다
빛을 구하는 그림자들이 중얼거린다
표독스러운 손톱으로 달빛을 할퀸다
수문 사이 떠 있는 선체가 덜걱거린다

백색 항아리

나의 배는 둥글다
깨질 수 있다는 두려움으로
움푹 팬 바탕의 무늬를 담은
하얗고 뾰족한 몸의 기억이다
아무것도 담지 않아도
나는 나로 가득 차 있다

물질하는 여자 1

 바다가 한 짐이다 부표에 생을 묶는다 턱밑까지 끌어당긴 몸뚱이를 내던진다 우럭에 해삼이며 멍게며 돌미역에 전복이며 캄캄한 죽음을 캔다 사라졌다가 드러나고, 잠겼다 나타난다 물결이 멈춘 곳을 걷고, 잠든 곳에 귀를 연다 숨을 차며 발버둥 치는 오줌발을 내지르는 바다, 휘파람을 내쉰다 입술을 오므리며 꽃잎에 붉은 입맞춤을 한다 잠시 더운 몸으로 부르르 떨려 온다 슬픔이 번진다 곧추선 채 바닷새를 몰아간다 그녀의 거울은 평면의 바다, 깊은 주름이 내뱉는 휘파람 소리, 바다를 할퀴는 울음이다 밀크커피 한잔에 비릿한 생을 읽는다 쑥잎을 이겨 물안경을 닦는다 바다 밑 무늬를 닦는다

물질하는 여자 2

一

  수국을 등지며 사라지는 꽃잎들이
  잎새를 적시며 몸 밖에 내던지는
  짐승의 숨소리가
  삶의 깊이를 짚어 발버둥을 친다

  빛이 어둠을 낳고, 어둠이 기억을 낳고, 어미가 애를 낳고, 땅이 바다를 낳고, 바다가 땅을 낳고, 땅이 나무를 낳고, 나무가 꽃을 낳고, 꽃이 꽃잎을 낳고, 꽃잎이 열매를 낳고, 열매가 밥을 낳고, 밥이 삶을 낳고, 삶이 죽음을 낳고

  낳고 죽고, 죽고 낳고
  바다의 수평은 삶과 죽음의 경계,
  아등바등 이면지에 번지는 물비늘
  그림자가 사라진 바다는 기억을 줍는다
  바닷새 울음이 지평선 넘어 목을 축인다
  펄 구멍 개불이 끈적끈적 갯내를 풍긴다

一

물질하는 여자 3

그대를 닫고 나를 여는 시간
물 내음 짙은 그늘을 열어 푸르러져 가는데
수국꽃 자락 쥐 오줌처럼 수북이 펄럭이고
통영 해안로 빵 굽는 향기가 부풀어 오르면
모닥불 타닥타닥 피는 부둣가 꽃집들 사이로
둥근 집들이 창문 가득 파도 소리를 다독인다
널따란 물결을 진득하게 발라 가며 끈적인다
수없이 사라지고 드러나는 바다의 평면들

K 조선소

一   빛은 평면이다 그림자조차 없다
  작가촌에서 조선소까지 하루는 평면이다
  눌어붙은 계란후라이의 바다는 평면이다

  수많은 평면이 들어간다 바퀴를 몰고 파도를 굴리고 바닷길 따라 들어간다 자전거며 바이크, 자동차까지 길을 굴리며 간다 검은 상자 안으로 채워지거나 구겨진다 둥근 입술 위 침방울로 번지거나 평면을 비춘다

  바다가 넘쳐 도시를 질겅거리고
  더 검어지는 슬픔을 마실 수 없다

  둥근 바퀴는 다시 평면을 밀고 간다 평면이 이어진 사각형들이 포개지거나, 다시 길게 늘어진 원기둥을 굴리며 간다

  머리맡에 둥근 꿈을 두고 누운 밤이면
  자박자박 자장가를 부르는 파도가
  물방울 가득한 상자 하나 만들고 가지

二   삶은 늘 두꺼운 골판지를 거쳐 더 얇아지고, 사라지듯 굴러

먹는다 어디서 굴러왔는지도 모를 뼈다귀를 물고 감자탕집을 들르거나 사각의 시간을 가로질러 걸어가는 둥근 내 그림자는, 어슷하게 바다에 눕거나 평면으로 걸려 있다

르네 마그리트

―

  말안장을 한 개 한 마리 지나간다 파도가 물어뜯는다 하얀 뼈를 물고 가는 파도는 내일 아침이면 중생대 공룡을 몰고 오리라 커다란 물 주름을 켜며 공룡이 숨을 쉰다 물소리가 난다 부두 양쪽이 주름을 끌어당겼다가 펼치자 공룡이 뭍을 오른다 깜짝 놀라 지나가는 개를 쳐다보는데 말안장을 한 개는 우리 밖의 말을 따랐다 어쩌면 우리 안에 있는 그것보다 먼저 와 있는 말을 따르고 있을지도 모른다고 이해는 가지만 정말 공룡을 몰고 올 아침을 기다린다는 것은 서로 돌아올 수 없는 지점임을 안다 모른다 죽은 물고기 냄새가 비를 맞고 쏘다니는 이유를 죽음이 가득한 이곳에 이미 무덤이 와 있는 줄은 말안장을 걸친 개 한 마리가 지나가고서야 깨달았다 우리는 함부로 막 우리 밖의 말을 따르고 있다 우리가 보는 모든 것은 다른 무언가를 숨긴다

―

세잔의 정물, 푸른 사과

 푸르지 않다 어떤 품사로도 품을 수 없는 낡은 상채기 벌레 먹은 자리가 곪아 터진 정물 한 접시 낡은 시간을 깎는다 깎인 기억이 물결 따라 지구본 같은 우주를 연다 출렁이는 하얀 속살이 빈 잔처럼 기운다 채워도 채워도 채워지지 않는 나선들이 한쪽으로 쏠린다 표정 잃은 리듬이 흔들린다 지축이 서늘하게 흔들어도 무표정이다 덧칠한 표면을 깎아 내도 막 부풀어 오른다 사과를 하면 사과가 자랄까 깎여진 슬픔이 콸콸 쏟아진다 둥근 태엽이 풀어진다 엷게 벙글어진다 곪은 흔적을 도려낸다 가슴앓이가 움푹했다 뽀드득 손아귀에 잡히는 기억을 말없이 한입 가득 읊는다 까끌까끌 목덜미가 푸르다

나무의 시문(詩文)

一
숲은 산이 품은 괄호다
나무는 산에 들어 살며
저물녘 길 따라 숲에 오른다
괄호는 침묵의 언어다
궁리가 새긴 입가의 주름처럼
바람이 꺼당긴 결이 그렇듯
씨와 날이 얽은 길을 읽는다
산 날같이 너무 말이 많았다
길에 드는 건 나에게 이른 것
계곡 물소리가 낭랑히 들쳤다
솔바람이 내려와 짠 옷깃처럼
비늘이 바다에 솟은 물결이라면
잎은 나무가 품은 시문이다
한소끔 숲이 모여 행간을 짚듯이

二

단어를 찾아서 1

 호주머니에서 휴대폰을 꺼낸다 전원을 켜고 감정을 설정하자 기억이 난다 불러온 단어들이 손안의 느낌으로 낫다 목록을 훑어 내린다 화면에 흐르는 입맛이 바짝 마른다 봄날이 잠시 목젖을 닦는다 눈썹 가장자리로 볕이 떨린다 꽃잎은 이미지로 파르라니 열린다 벚나무 가지가 눅눅하다 사라진 꽃가지에 새순이 돋았다 멀어진 새소리가 앉았다 새초롬한 기호다 혓바늘이 돋는다 자모음이 까끌까끌 중얼대는 무늬를 새긴다 가시들이 부서진다 검색창으로 네모진 말들이 나선다 꽃잎이 하얀 거울 속을 떠돈다 푸드덕대는 혀들이 광대뼈 사이로 들랑날랑댄다 입가로 번진 주름들이 입술을 매만지며 날름거린다 구멍들이 번들거린다 갇힌 기호들이 둥글게 번진다 좁은 틈새로 발룩대다 검어진다 움쭉거리다 붉다 불룩이 휘기도 하고, 보이는 것 너머로 사그라든다 꼴깍꼴깍 봄이 지고 새순이 핀다 침샘 아래 어제 같은 오늘이, 물고기 비늘 같은 꽃잎들이

단어를 찾아서 2

정원의 햇살은 아무래도 내 창인가 보다
꽃들은 흰 반죽을 층층이 밀대로 밀고 접어
아침은 잘 익은 빵처럼 눈을 비비며 벙근다
한 조각 부풀어 오른 햇살을 뜯어 먹으며
안경을 쓴다 바깥의 나무가 나뭇잎을 본다
부스러기 몇 줌 빛과 그림자가 가른다
모퉁이 곁에서 김이 나는 푸른 잔디며
어제의 빗줄기를 머금은 장미꽃이며
그림자에 붙어 자란 습지의 나무와 돌멩이며
푸른 바깥들이 흰 틈바구니로 기억을 넓힌다
몇 뼘 햇살이 번져 꽃은 피고 열매가 열린다
나는 빨간 열매 한입 베물다가 쓰윽 닦는다
옷소매에 흥건히 빨간 말과 소리가 묻어난다
오늘도 햇살이 터트려 놓은 씨앗을 줍고 있다
중심에 닿을 수 없는 창은 안경 너머를 담는다

봄날, 안민고개

벚꽃이 우거진 안민터널은
보이는 문과
보이지 않는 문 하나
봄비는 목록처럼 나린다
같은 사람이 들어 속속 사라진다
물큰 비린내 콧구멍을 지나는 중,
보이지 않는 향기가 들어간다
숲속 길들이 구멍처럼 벌렁인다
지느러미를 켜는 바람결에도
방들을 풀어놓은 골목에서도
목을 부린 것과
물결들의 시간,
숲에 잠긴 길들의 문
빗소리는 문을 걸어 놓고
바깥의 너비로 깊이를 잰다
하얀 꽃들의 기억이 눕는다
보는 것에서 보이는 것으로
망막과 안경 사이로
다시 숲 앞에 미끄러져 든다

봄날, 바다로 간 공룡들

一

　김이 오른다 국밥 위로 흰 꽃잎이 눕는다 뽀얀 국물에 우러난 살덩이와 마른 뼈들의 기억, 부추에 겉절이를 곁들여 맛을 본다 늙은 농부들 간간이 오가는 큰 잎 떡갈나무와 잠든 개, TV 뉴스가 있는 바닷가 공룡국밥집,

　전쟁은 짧은 TV 광고다 사람들은 늦은 점심으로 죽은 뼈다귀 국물을 쪽쪽 빨다가 뱉는다 우크라이나 사망자 숫자보다 국수 공장의 주식 그래프에 울고 웃는다 뜬구름처럼 하얀 벚꽃이 날린다 벌건 핏덩어리, 노린내 나는 어린 죽음이 한 그릇이다 누구의 것인지도 모를 조국과 누구를 위한 죽음인지 모를 주검이 가마솥을 달군다

　드론이 낮게 난다 논밭 위로 꽃잎처럼 흩날린다 임신한 아낙네가 근심 어린 눈길로 만삭인 배를 쓰다듬는다 한낮 어린 그림자들이 흩어진다 죽음이 가볍다 주검이 너무 무겁다 국밥집에 모인 우리는 모두 전혀 다른 사람이 되었다

　바다로 걸어 들어간 공룡을 부른다 해식동굴에 갇힌 그림자가 기웃거린다 달라붙은 국물이 바위틈으로 스민다 겉절이에 헹군 국물을 덜어 낸다 헝겊 같은 기억을 줍는다 걸쭉한

二

공룡의 뼈를 건져 올린다

  식당 앞, 젓가락 소리와 벚꽃잎 떨어진 밥알 위로 그림자가 지나고, 웃음은 바람에 흩어진다 가자 지구의 먼지와 아이의 손에 쥐어진 조약돌 사이, 어느 것이 더 오래 남을지는 아무도 모른다 누군가는 꽃잎을 밟고 지나가고, 누군가는 그 아래 깔린 자국을 끝내 인식하지 못한다

  사람들은 동굴 안으로 들어갔다가 다시 나온다 빛과 어둠 사이를 오가며, 검은 바다를 삼키는 듯 곧 뱉는다 아무도 짐작하지 못한 채 지나가는 자리, 그 안에 남은 소리는 공룡의 울음으로 바다에 든다

  벚꽃은 떨어지고, 국물은 식고, 조약돌은 주머니를 만진다 누구도 바다로 간 발자국을 기억하지 않은 채, 봄날은 지나간다 바다는 거대한 울음을 층층이 쌓으며 뭍으로 올랐다 다만 사라진 존재가 남긴 흔적 위로 하루해가 저문다

봄

一

몸이 가렵다
언젠가 멀어진 것들이
꽃잎 하나 되살아나고 있다
한 잎 꽃잎이 온 밤을 들어
올린다 하이얀 밤을 새우며
고분고분 붉어져 달아오른다
젖은 목젖이 내뱉는 입김으로
나비가 난다 나무 죽지마다
한 겹 한 겹 경계를 넘는다
움쭉거리며 몸을 깨운다
발부리에 기억이 따스하다
벌린 겨드랑이가 흥건하다
꽃잎 둘레로 기지개를 켜며
되살리는 것이다 어슴푸레

二

부랑(浮浪)
―광인들의 배

까마귀 떼가 항구에 버려진 입김을 줍는다
항구의 시구(詩句)를 주워 먹는 햇살들이
아직 죽지 못한 창백한 오후를 쪼아 먹는다
사월에도 눈이 내리는 허름한 포구에서는
복제된 우상들이 광인의 배를 띄우며 간다
우두커니 거세된 욕망으로 슬프고 조야하다
물가에 내앉아 몸을 말리는 깡통 난로에는
게으른 말(語)들이 물거품으로 부풀거나
던져진 장작더미에 불꽃으로 나뒹굴면서
펄럭인 오색 깃발을 켠 어두운 조각배들이
대체 우리에게 무슨 일이 생긴 건지 묻는다
무엇을 원하는지도 모를 물결로 뒤척이다가
봄날 발부리에 구겨진 신문지가 부스럭대며
우리가 다시 돌아와야 하는 여기 봄날들은
무언지 자주 다리가 꺾이고 멀어져 가는지

제2부 수집가의 알고리즘

수집가의 알고리즘

시집 목록은 연쇄살인의 막다른 골목
속이 비어 있거나 박제된 채 머무는 것
아니면 뼈나 분비물로 조각난 사물이다
아니면 한 번쯤 삶을 살다 간 이녁이다
말하는 것과 침묵하는 것의 가로지르기
거세된 시간을 훔쳐보는 말의 기호들의
들을 수 없는 것들의 말 걸기 기록이다
거울에 비친 비누 거품에 밀리는 수염들
되돌릴 수 없는 것들의 부화된 동떨어짐
뒤뚱거리는 노오란 햇병아리 우표에
가늘고 희미하게 남아 있는 절취선들
손잡이가 부서진 신발장 속의 구두들
한 끗 엿보기로 마주하는 빛과 어둠
너의 낯섦은 나의 낯섦

*너의 낯섦은 나의 낯섦: 아도니스의 시선집 제목.

채집기(採集期) 1
— 문체반정기(文體反正記)

―

　물결을 책 삼아 읽는다 밤은 종이고 마음은 등잔이 된다 우해(牛海) 갯가 봄날이 거꾸로 비치네 물 위에 거꾸로 비친 벚나무 한 그루, 손에 쥐고 있던 책이 무릎 위로 떨어진다 몸을 가누지 못한 꽃잎들이 물 위를 떠돈다 바람은 무수한 꽃잎과 잎사귀로 나뭇가지를 소용돌이 한다 물결이 따라 꽃잎으로 흩어진다 돌이켜 보니 나무였던 바람은 무수한 나무였지, 거꾸로 비친 그림자들 또각또각 돌길을 걷는 파도 한 구절, 가끔은 침묵이 길이 되고 수평선이 문장을 불러와 뭍을 그린다

　마음은 파도를 읽고 눈은 외로움을 쓰네 시문이 파도면 산문은 바다라 문밖 햇살들이 강구의 춤사위로 옷섶을 감추네 먼 섬들이 어디론가 가파르게 숨을 돌린다 때아니게 뭍으로 다가와 매 맞은 물길에 죽순 갓이 무겁기도 하지 밤새 구겨진 머리맡 종이들 따라 새벽이 몸을 푸네, 어둠이 물러간 사라짐으로 되살아나는 햇살의 주름, 나무가 나무를 벗은 날같이 바다가 바깥으로 바다를 끄는 소리에 자갈밭 물결들 문지방을 쓰다듬어 흐른다 수면에 떠도는 벚꽃들 그림자처럼 나도 나무도 수평에 담겨 어리는 바닷가 산책길을

―

사는 것이 본래 자잘한 것을, 집 떠난 날 태워 버린 시문이 조약돌이 되고 해초가 되는 날이면 바다에 돌아오지 못한 것들의 신음이 들린다 아직 바다의 문장을 읽는 것이 서툴다 물비늘이 튕겨 오른 바람의 꼬리뼈들, 비릿하게 사는 날이 뜰채에 든다 삶을 어찌 말로 다 부려 살겠는가, 말없이 무늬가 흔들린다 둥근 연결고리로 동사가 된 형용사가, 동사가 된 대명사들이 수초 사이를 떠간다 꼬리에 꼬리를 물고 피라미 떼가 지나간다 때때로 침묵도 같은 물결에 말을 거는데, 구차하게 춘곤은 물 위에 고개를 떨구네 그물 말리는 부두에서 책을 덮어 삶을 여는 중이네

*腸回九曲苦抵頭: 김려(1766-1822)의 연작시 『사유악부』 중 한 소절.

채집기(採集期) 2
―무선 마우스

어렵다 번역될 수 없는 이미지는
전장터의 홀로그램으로 번져 간다
말이 되지 못한 기호들을 마주한다
이번 전장은 오직 이미지의 은유다
손톱 크기만도 못한 전장의 길이가
잠시 TV 화면 속을 지나가고 있다
낱낱이 기재된 이미지들이 사라진다
두껍게 발린 치약의 떨림과 열림이
녹슨 이빨에 낀 말문을 닦는다
총구를 겨눈 거울이 마주 본다
어둠 속 동트는 아침이 가까이 있다
그것은 나를 입고
나는 그것을 입는다
서로 다른 이미지 너머에 지금을 산다

채집기(採集期) 3
―국수의 기하학

  한 덩이 봄날을 괄호에 넣는다 하얀 찔레꽃이 역삼각형 아래 터진다 엉치뼈가 뭉근하다 변두리 바닷가 우듬지에 피는 막국수 한 사발, 제 고향집보다 큰 배를 만드는 이주노동자들, 해종일 허리를 졸라맨 바다는 평면의 거울이 된다 저물녘이면 주머니에 해거름을 찔러 가며 해안가를 오간다 산비탈을 걷어 올린 공터의 시소가 기웃거린다 그릇째 들이켜는 모국어는 돌려줘야 할 몇 방울 눈물, 모음으로 낭자한 물고기 떼가 오르락내리락 시소를 탄다 검은 양말들이 컨테이너에 널려 펄럭인다 쓱쓱 비벼 올린 국물 몇 모금, 한 번도 읽은 적 없는 바다의 문법을 뒤적이고, 어슷한 고명 몇 점 훑어가며 어떤 부분에 이르러서는 은빛 멸치 떼가 헹궈 간 조각구름을 맞추어 가며, 맞은편 켜켜이 덧놓인 고향 안부를 헤아린다 마주친 눈빛들이 쓰리다

시(詩)의 성장기

一 침침한 팬 위에 계란을 터트린다
   붉은 태양 한 덩어리 이글거린다
   노란 살결이 부풀어 차오르고
   얇은 막이 조이듯 숨을 쉬었다
   어떤 날은 말도 없이,
   그걸 삼키는 꿈을 꿨다
   혀끝 주변에 흘러내리는
   뜨겁고,
   미끄럽고,
   가끔은 움쭉 웅크려지는 것들

   사라진 어둠이 비어 간다
   흰 점막으로 움푹 파인 구멍이 보였다
   그것은 바닥을 알 수 없는 기억의 깊이
   아침이면 그 위에 후라이를 얹어
   납작하게 천천히 누른다
   한 숟갈 두툼한 허기를 덮어 가며
   바싹한 낮은 음계의 소리를 닦는다
   낡은 지느러미가 숨결을 감싸고
二 익숙하지 않은 몸들을 말리면서

하얗게 피어나는 열기를 삭힌다

벚꽃의 독백
—페르난두 페소아 식으로

一

 가야산 그늘이 쉬어 가는 자리, 비구니 요양원에는 죽음을 앞둔 수행자들이 머물고 있다 아니, 죽음을 떠나는 중이거나 떠나간 것처럼, 산그늘은 말없이 따스하다 벚꽃이 피어 생(生), 사(死)가 한창이다 찰나를 살고 찰나에 지는 꽃들이 죄인처럼 흩날린다 나는 그들의 시간을 알지 못한다 꽃이 지고 나면 다시 잎들은 새로운 꽃들의 삶을 살 것이다 산자락을 끌며 허리 굽은 노승이 꽃 지는 날을 걷는다 떠나지 않고, 떠나지 않으며 천천히 사그라드는 봄날은 오늘을 살아 죽음도 삶도 잊어버린 기다림으로 저문다 가장 화려한 날에 지고 마는 꽃의 무상함을 바라본다 피어나는 것, 지는 것, 다시 피어나는 것 삶을 벗어나지 못하는 끝나지 않는 죽음을 사는 중이다 꽃 피고 사는 날을 죽음이라 부를 수는 없겠지, 생각 없이 꽃은 피고, 생각 없이 꽃은 지고, 지는 날같이 참회하고, 담벼락에 한가롭게 기대어 머물다 멀어진다 가야산 비구니 요양원에는 꽃같이 사는 하얀 봄날이 있다

一

굿 킬

 이제 전쟁은 일인칭 슈팅 게임, 거울 속 전장은 번식한다 진한 떡갈나무 잎처럼 주검이 흩어진다 은밀한 총구, 터지는 살덩이, 판이 바뀌었다 눌어붙은 살과 그을린 뼈, 허옇게 구운 마늘 조각들, 슬픔은 형식이고 죽음은 내용일 뿐, 그들은 누구의 총구인지도 모르게 죽는다 이유도 모르는 죽음과 주검들, 아무것도 보이지 않는 텅 빈 거울이다 피가 쏟아진 소리, 살이 타는 내음만 있을 뿐 우리는 서로 모른다 미움도 이유도 모른 죽임과 죽음이 있다 우크라이나 러시아 전장은 어디든 있고 어디든 없다 보지도 만나지도 않은 가상 화면 속 게임 같은 전장, 전원을 끄기 전 죽음을 센다 죽지 풀린 새들을 줄줄이 꿰어 집으로 간다 어떤, 어떻게 생긴 죽음인지도 묻지 않는 살인, 피차 불편함은 보지 않아도 좋다 그것은 싸움도 전장도 아닌 도살이다

*굿 킬: 「드론 전쟁: 굿 킬」. 2016년 앤드류 니콜 감독의 영화. 2014년 제71회 베네치아 국제 영화제 황금사자상 경쟁작.

벚나무와 자전거에 대하여

―

해변 버찌나무에 자전거가 서 있다
멈춘 적 없는 길들이 기대어 자란다

둥글게 눕는 원들이 길을 벗어나거나
나무에 기댄 두 바퀴로 고막을 연다
자전거 한 그루가 길섶에서 자라도록
둥근 버찌가 굵어지도록 중얼거린다

페달을 밟고 온 무릎에서 물떼새가 날면
해초 냄새 절인 뼈의 소리가 뭍에 들어
새들은 지친 바람 소리를 내며 지나가고
뭍으로, 뭍으로 청태밭에 거품이 불었다
나무가 하늘의 경계를 넘어 키울 때처럼

먼 섬들은 가뭇없이 파도에 멀어지고
가까이 바퀴에 귀를 맞댄 소리가 났다
바다가 부린 목선들 사이로 오락가락
새소리 닮은 소라들이 해조음에 섞이는
해변에는 하얀 거품이 헛것처럼 자랐다

―

풀밭에서 푸른 햇살이 걸어 나오고
해안선이 물너울에 층층이 묻에 든다
물떼새가 부서진 시간의 거울을 나는
흩어진 파도의 소리에 풀밭에 눕는다

해열제

―

  봄을 앓았다 열꽃처럼 번지던 꽃들은 어느새 흔적도 없이 사라졌다 붉은 기운이 가시고 난 자리에는 하얀 비늘이 돋았다 꼬리를 흔들며 물고기 떼가 소녀의 가랑이에서 공기방울을 피웠다 밑을 손바닥으로 감싸며 봄을 뒤튼다 여전히 뜨겁고, 여전히 흐릿했다 열이 몸을 지피고 있었고, 손톱으로 긁힌 자국이 몸으로 번졌다 물소리가 고인 그곳으로 그녀를 밀어 넣었다 뜨거운 것도, 아무 느낌 없는 말줄임표를 구멍으로 몰았다 빛을 따라 식물이 서서히 기우는 것처럼, 숨은 곳곳, 코를 타고 목을 타고 동굴의 소리가 밑으로 깔렸다 봄날은 아직 아프지만, 어디선가 아주 작은 숨소리들이 올라오는 소리가 들렸다 보이지 않는 꽃의 향기가 남아 가렵다 잠시 눈을 감는다 아직도,

―

시선의 욕망

나는 소파에 조용히 앉아 있다
모든 것을 보고 모든 것을 듣는다
웅크린 어둠이 소파를 둘러앉았다
TV 불빛이 응접실 나를 알아보고
불빛으로 소파에게 말을 걸었다
나는 바닥을 훔치며 밖을 본다
자작나무 한 그루 어둠 속에 있다
어둠은 말없이 바닥에 스민다
웅크린 어둠이 자작나무를 치켜 본다
나는 조용히 바깥에 있는 나를 본다

골조공사

—

우리가 처음 만난 그날,
너의 눈 속에 내가 있던 곳,
그 중심에 있는 어둠은 문이자 문턱,
닫혀 있으나 닫힌 것이 아닌 둥근 어둠
깊이는 바닥을 알 수 없는 우물,
파닥대는 가늘고 긴 비늘이 돋고
우리는 서로의 깊이에 닿았지
어둠이 머문 너비 속에
강철 빔과 목재가 서로를 껴안으며
뼈대는 찰흙 기둥으로 밤새 자랐지
벽과 벽을 담은 틀 안으로 쓰다듬어 주며
깊이는 우리의 너비를 끌어안았지
흙과 벽돌 사이 흐르는 하얀 결들이
모서리 어둠을 길어 올려 시를 짓듯이

—

봄
―응시의 가면

봄은 메두사의 가면이다
한 톨 씨앗이 우주를 들어
나와 무수한 나를 벗는다
봄은 바라보는 것만이 아니다
길은 가면 뒤를 따르는 것으로
맺히는 것과 흘러내리는 것으로
둥글어진 것과 찌그러진 것으로
죽음과 소멸이 그리는 가면이다
죽음이 한 송이 꽃으로 핀 것처럼
보는 것이 보임으로
보임이 보는 것으로
풍경이 풍경으로 무수한 내가 나로 났다

봄눈

一
봄꽃 필 자리에 눈꽃이 핀다
타닥타닥 잉걸 벗 더미가 탄다
느닷없이 나무가 온통 눈꽃이다
나무와 나무로
물결과 물결로
휩쓸린 풍경의 무리가 오간다
점자를 치며 나는 새 떼들이며
붐비는 버스들 바퀴 자국이며
길 위로 계절의 지문이 헝클어진다
보이지 않는 꽃 찾아드는 눈바람에
종점은 봄날의 추위에 몸을 녹이듯
굳피는 몸을 구겨 가며 중얼거린다
햇살을 줍는 바지춤 속 계절풍이
누란의 뉴스를 뿌려 놓고 떠나간다
덩그러니 남은 기억의 빈자리를
헹군다 끝이 조금씩 닳은 해변에서
나는 젖은 봄비 소리를 듣는다
비탈에 선 건너편 나무를 마주 보며
눈꽃은 죽음의 춤사위로 사그라든다
二
내가 너처럼

네가 나처럼
언제 다시 계절풍은 눈꽃을 넘어설까

*벗: 불이 옮겨붙은 숯이나 장작.

목련

一
튜브 치약을 짜내자, 목련이 핀다
알루미늄 호일을 비켜 틀어 올린다
일어서면 당겨 들고
누우면 멀리 풀어지는
동그라미가 욕조에 가득하게 치댄다
팔뚝에 허름하게 꽂힌 주사선을 타고
몸 밖으로 동그라미가 사라지고 있다
역류한 전기 밧데리 선이 쿨렁거린다
요양병원 창가에 늘어선 작은 화분들
휠체어에 담은 햇살을 빨며 지나간다
늘어진 밑을 받쳐 가며 욕조에 담는다
밑구멍을 빠져나온 둥근 동그라미들이
하얀 두루마리 화장지 따라 달아난다
동그랗게 말린 목련꽃이 뿌옇게 핀다
눌러 잡아당기면 늘어지고
밀면 오히려 와락 안겨 드는
하얀 기억을 찾는 목련꽃 한 송이가
몸에 꽂힌 링거선 타고 사라지고 있다
막힌 말문을 닦아 가며 기억을 깨운다
二
입 벌려 혀끝 붉은 모음을 끄집어낸다

눈으로 만지는 창밖의 목련이 가득하다
겹겹 고인 꽃잎이 혀 아래 중얼거린다

어떤 기억들

一

오늘은 숱한 어제다
누군가 미리 앉았다 간 생들이
투명하게 따스한 물결이 시든다
샤워하고 맨 바람결에 말라 가는
물방울들, 문밖 세상으로 말을 건다
뭍에 말아 둔 둥근 파도가 떠들썩하다
행암방파제, 늘어진 어깨를 기대서며
곤두서며 뱉어 내는 물결들이 꿈틀대는
어떤 기억들, 파닥거리며 시든다
이, 오, 우 이, 오, 우
항구의 배는 빈 소주병을 게워 낸다
I, O, U U, O, I
햇살 사이로 파리 떼들을 게워 낸다
노을 속으로 물고기 조각상이 부서진다
들러붙은 플라스틱 용기에 몸을 말린다
A, E E, A
낚시꾼들이 버리고 간 물고기 뼈들이
아, 에 에, 아
바람에 뒹굴어 가는 검정 비닐봉지들

二 모음으로 팽팽하다 시커먼 구멍들이

시큼한 초밥 한 움큼 씹으며 굴러간다
흩뿌려진 빛깔들이 비늘을 줍고 간다
사라진 기억들이 모래톱 사이로 간다
갯돌 사이로 생비린내를 풍기며 간다
둥근 노을 속으로 모음을 굴리며 간다

꽃

시간은 나를 덮친 강물이기에
나는 강으로 머물고
강물은 되돌릴 수 없음으로 흐르네
꽃은 나를 태워 버린 불꽃이기에
나는 불가피함으로
먼 끝자락,
생채기를 떨구네

문밖에서

불 끄고 누우면 문밖의 네가
있다 울먹이는 눈망울을 하고
있다 미끄러진 경계를 헤매고
있다 보이지 않지만 움직이고
있다 말없이 어깨를 들썩이고
있다 에둘러 온 길은 사라지고
없다 서성이는 문밖의 너조차
없다 움직이지만 뭐라 부를 수
없다 동사로 일렁이지만 명사는
없다 말을 걸어오지만 읽을 수
없다 응시하는 푸른 뼈 소리가
낡은 어깨 치며 새 한 마리 난다
펄럭이는 하얀 비듬들이 환하게
문밖의 나는 이미 너로 서 있다

계단의 말

―

어둠이 점점 커진다 방은 마루를 지나 방으로 든다 방과 문을 잇는 빛은 좁다랗게 구석으로 꺾어진다 빛이 사라지고 그림자는 길어진다 겹겹 눕거나, 흩어진 선들은 점을 줍는다 꽃들은 줄기를 따라 방으로 몸을 숨긴다 방은 구멍을 닮는다 소리가 고인다 벽을 타고 내린 바닥이 끌고 간다 문을 나서면 마루가 접히는 가로줄 나란히 무늬를 짓는다 위에서 내려오고 밑에서 올라가고 위에서 내려오고 아래 더 아래서 오르고 오르지 못한 더 위에서 내려오지 아니한 그 아래서 그 위에서 내려오지 아니한 그곳 창밖은 어둠이 어둠의 속도로 그림자로 이동한다 한 칸 또 한 칸 오르다가 내려온다 아래가 위로 위가 아래로 위가 더 아래로 아래가 더 위로 어둠으로 눕거나 깊어진다

―

가음정 장미공원

  가음정 장미공원에는 보이지 않는 꽃이 핀다 벽에 기댄 임부가 걸음을 멈춘다 바게트 머리띠를 한 소녀가 서 있다 빵 내음이 났다 장미 덩굴 다발이 불룩하다 청각장애가 있는 천광학교 맞은편 장미공원에는 소리가 있고 소리가 없다 음악이 있고 노래가 없다 장미 줄기에 딸려 간 잎들이 건반 위를 튄다 희거나 검은 눈빛만 길거나 가늘게 뜬 채 가시를 만지며 읽는다 목덜미에 걸린 장미 가시가 목을 찌른다 밀어 넣은 맨밥 한 숟갈처럼 눈이 따갑다 바게트가 바스러진다 임부는 부른 배를 쓰다듬는다 꽃은 꽃대로 소리는 소리대로 애들은 애들대로 창원 성산구 가음정동 장미공원에는 빵 내음이 난다

바깥

　없다 바깥은 눈으로 만지는 것 모양 없는 계란후라이 안쪽 빨린 바깥 부르튼 소리의 바깥 바깥이 게워 낸 거울이 담은 풍경 풍경이 품은 거울 안경 안에 눈 눈과 안경의 거리 그리고 너비 너비와 깊이 살이 흘러내린 뼈 홀쭉한 광대뼈 세면대 안에 동그라미 동그라미 안에 동그라미 동그라미 안에 더 작은 동그라미 그리고 구멍 점점 쫓기는 중심 중심을 빠져나간 꽁지 꽁지 빠진 바깥이 있다

용지호수

도시보다 먼저 새벽을 불러
저를 적시고 있는 호수를 본다

삶은 눈빛을 속일 수 없나 보다
수초들 숱한 자맥질에
헤적헤적 품 헤집는
너 역시도

하늘이 출렁 쪽빛을 헹구면
동그랗게 열리는 온 가슴에
그리울 때마다 마주하는 네가 있다

길 찾는 물고기들 토닥거림에
첨벙첨벙 물수제비 뜨며 나는 곳
하루하루 제 몫의 비늘을 엮어
먼바다의 꿈을 꾸기도 하지
너의 곁에서

*용지호수: 창원시 용호동에 있는 호수.

평면거울

一 낙엽 진 가을 산은 평면이다
색을 부리고 잎을 덜어 내고 선
구겨진 평면들이 거울에 선다

연못에 누운 낙엽들 죽음을 줍는다
간간이 산그림자가 침묵을 뱉는다
둥글게 둥글게 동굴이 숨을 쉰다

가을 산이 파닥인다
거울처럼 시간을 뱉는 중이다
동그랗게 똬리 튼 그림자들이
둥근 주문으로 연못 속에 맴돈다
텅 빈 산과 바람이 소용돌이친다

평면으로 누운 연못 안으로
오르랑내리랑 산들이 뒤척인다
가을 햇살을 뿌리는 물고기처럼
등고선 따라 내려와 수평에 든다
물렁물렁 푸딩처럼 펄럭거리거나
二 덜 여문 뼈들이 중얼중얼 오물거린다

가문비나무 옆 거칠고 긁힌 거리를 나서며

암녹색 가문비나무 옆으로 난 길이 무겁다
빨랫줄에 걸린 옷소매가 툭 칠 때까지 몰랐다
전염병에 긁힌 아침 거리가 파랗게 번지도록
건널목 따라 시간이 줄줄이 길게 늘어진다
한 뼘 물러난 공간이 내준 불안이 자란다
살처분으로 쫓긴 주차장과 항구에는
바람만 일었다 멈춘 차들과 서성인 뱃가에
노란 기하학적 무늬로 접힌 이파리들이
묘지처럼 메운 방파제 사이로 웅성거린다
몇 닢 내뿜는 세차장 비누 거품이 부풀어 오른다
가문비나무 옆으로 방울방울 꿈꾸며 흔들거린다
볕들이 수생식물처럼 넘나든다
물고기 떼를 몰고 길게 눕는다
겹겹 비늘을 새겨 돋는 길목으로
마스크를 하고 올라앉은 아파트 불빛들이
가문비나무 옆 거칠고 긁힌 골목으로 몰리고
골목 안 물결 소리가 장례식 취객처럼 휘청인다

청동거울 속 여행

　책장을 넘기듯 마당 연못에 새벽빛이 가득히 청동이다 결 따라 직조된 비파 소리는 슬픈 왕조의 서사일지 모른다 이른 아침 성(城)을 둘러 모여든 물결이 뒤척인다 뒤척인 바람으로 연못 물고기 떼가 아가미마다 선홍빛을 물고 간다

　습한 여름이 물러간 연못은 비파를 줍는 아이들로 소란하다 몰려드는 물결 속 나이테가 기억을 편다 파닥이거나 굴절된 그림자가 든다 새벽 연못을 둥글게 감겨드는 청동빛이 중심으로 사라진다 구겨진 물결 안으로 잠잠하다 알 수 없는 시간으로 깊어진다

　꿈결을 되새김하는 검은 잉어 한 마리 지느러미로 몸을 튼다 몸을 튼다는 것은 몸의 절반을 덜어 내며 튼다는 것이다 청동 갑옷을 두른 검푸른 새벽이 연못 둘레를 따라 나이테를 두른다 색색 물비늘을 매단 기억들이 비친다 도돌이표처럼 자작자작댄다

매미 집

소리가 사라졌다
보도블록에 낀 네모진 것이다
화려한 도심 불청객의 넋두리와
불빛에 묻히거나 쫓겨난 울음이
버려진 재개발 아파트 바깥에 있다

채집통에 말라 가는 기억들이
말이 가벼워지는 문장들 사이로
누렇게 저녁 석쇠에 타다 만 덩어리들
벌건 숯불을 주워 먹다 흥건히 고인 침묵들
속 깊은 껍질들, 든든히 안을 품은 속정들이

바깥은 민낯이다 있는 그대로 촌스러움
아무렇게나 굴러간 검정 비닐 뭉치들이다
박제된 떨림도 바람도 가냘픈 고백도
딱딱한 외피를 쓴 기표들조차도
가난한 도시의 골목이 숨겨 둔 흔적이다

쓰레기통

　내 방구석에는 해파리가 산다 먹고 싸는 것이, 들고 나는 욕망이 한 줄뿐인 하루가 산다 어제 같은 오늘이 오늘 같은 어제가 기어다니다가 다시 버려진 채 잠이 들고 잠들다 부스럭대며 물끄러미 잠이 든 나를 본다

　조금씩 떠밀려 모니터에 흩어지는 기억의 조각들을 바라본다 씻고 벗고 해 봤자 한곳뿐인 방 모퉁이가 끈적하다 들러붙은 하루가 커서에 떠밀려 욕망을 씻는다 해명할 수 없는 날들이 비데에 볼기짝을 웅크린 채 앉는다

　아파트 한쪽에 주먹만 한 개구리참외가 푸르다 작고 풋것처럼 생긴 것이 정겹다 고향 똥 두엄 퀴퀴한 녀석이 도심 한가운데에도 늠름하다 소불알처럼 왔다 갔다 갈라치는 삶의 틈바구니에 줄을 놓다니, 쓰윽 문지른 한 움큼 욕망이 과육처럼 흐른다

하늘소

내가 아파트 샛길 지나 숲으로 들 때쯤
하늘소처럼 늙은 어미가 건너편에 있다
고개 숙인 머리엔 나뭇가지 무늬를 하고
버려진 파지를 싣고 골목길을 밀며 간다
길게 뻗은 국화꽃이 푸른 더듬이를 켠다
평생 하늘만 이고 가신 어머니 기일인데
낡은 유모차에 삐쩍 마른 젖가슴을 걸쳐
온 동네 뉘엿뉘엿 해거름을 끌고 가신다
이마를 가린 두건에 야윈 어머님 눈처럼
풀잎에 든 물방울로 번지는 도심 골목길
일찍 가신 어머니가 저 나이쯤 되셨을까
가을 길 따라 쓸쓸히 숲 사이로 물이 든다

해바라기
―고흐가 그랬다

一
　고흐가 그랬다
　잘린 귀를 움켜쥐고 뚜벅뚜벅 합성동 보청기 가게를 지나 친다 세상 시빗거릴 돌려줄 참인지 아님 제 가슴의 일을 찾아야 할 때라 여겼던지 해바라기처럼 웃었다 까닭 없이 머리만 키운 놈들을 지하도에 구겨 넣고 있는 일몰의 시각, 마산역 지나 통닭집을 찾아드는데 방갈로 장작가리 위에 꼬챙이에 꿴 채 머리 잘린 중생이 알몸으로 소신공양 중이지 않은가 큰 머리 노란 띠 싸맨 꼴로 연신 합장이니 끈적한 서러움이 훌쩍이는데, 달아오른 불똥이 갑자기 날아와 귀싸대기를 벌겋게 후려갈기며 하는 말, 닭대가리만도 못한 놈

　얼얼한 귓불을 만지작대며 은박지에 웅크린 튀김닭을 품에 안고 해안도로에 들자 주변 키 큰 아파트가 저를 낮춰 몸 씻는 저문 바다의 거룩함에 노을조차 스산해 울더라 저를 찾아 날 선 세상을 베었건만 쉼 없이 물고 와 짠하게 되묻는 바다의 일을 누가 알리오, 어둠에 하나둘 경배를 거둬들이는 콘크리트 더미가 그림자를 세워 길을 비켜서는데 가슴팍 튀김닭 온기가 잃은 넋을 데워 갯내 절인 눈물을 훔치며 해인(海印)을 보았느냐 묻더라

二

고흐가 그랬지

반구대 암각화

반구대 암각화에는 고래가 살지요
새끼를 등에 올려놓은 귀신고래
앞뒤의 색이 다른 범고래
수많은 세로줄 무늬 혹등고래
입과 머리가 뭉툭한 향유고래
청동의 시간을 새긴 고래가 살지요

무덤처럼 새겨진 암벽의 밑구멍 아래에서
이끼가 태어나고 돌고래가 들어가 묻히는
밑도 끝도 없는 구멍이 어둠을 지키고 있죠
빨아 대는 파도에도 음음 청동 시대를 사는
돌 속 여인의 구멍을 핥아 가며 쓰다듬지요

들어오지 마세요
나에게는 문이 없어요
나의 바깥은 그대를 향해 있으나
나의 마음은 그대와 마주할 뿐이죠

반구대 암각화에는 동화 속 여인이 산다
해와 달이 흘러 흘러 다시 아침을 깨우고

고래는 하루하루 청동빛 지느러미를 털며
나뭇잎과 물방울이 차례로 기억을 흔들죠

들어오지 마세요
나에게는 문이 없어요
삶과 죽음 안에 흔들리는 물결로 살 뿐이죠

가상현실

그의 손가락에 내 손가락을 포갠다
오래된 사진을 마주 보며 중얼거린다
깔때기처럼 말린 주문 속으로 빨려 든다
거울에 입김을 끼얹더니 손톱이 자랐다
길게 자란 긴 손톱이 손가락을 내민다
언젠가 본 영화 속 ET처럼 말을 건다
박제된 말을 깨운 더듬이가 서성대며
바닥을 딛고 일어서 풍경으로 섞인다
여기에 나는 있고 거기에 나는 없다
그리워한 만큼 나는 옮겨지며 스민다
마주 보며 반대편으로 나로 돌아간다
비닐봉지 속 사그라든 입김으로 있다
식어 가는 물방울이 솜사탕처럼 둥글다
달콤한 한 모금이 눈 감은 우주 맛이다
한참을 부풀린 혀끝에 포개지고 겹친다
그리워하는 만큼만 나는 네게 말을 건다

제3부 얼마를 더 가야 그리움이 보일까

청동의 시간

화려한 봄꽃을 뿌려 대는 분수대 앞 청동 조각상
가끔 물방울이 튀어 검은 청동빛으로 달라붙는다
"나는 아름다운 상처를 가지고 태어났어요"라는
카프카의 시골 의사에 나오는 소년의 고백처럼
아홉 개 구멍 뚫린 욕망을 어루만지는 백화점 앞
먹어도 먹어도 줄어들지 않는 구멍이 벌렁거린다
한때나마 청동빛 시간이 열리는 박물관을 생각한다
투명한 네모난 유리막을 담은 빈 봉지 속이 짓무른다
조명 불빛에서 녹이 슨 빗살무늬를 읽어 가는 시간이
물렁물렁한 허기를 쫓는 나의 그림자를 물끄러미 본다
어느 날 이곳 백화점에서 모바일 지불 카드를 읽으며
닦아도 닦아도 묵묵한 시간을 쇼핑백에 구겨 넣는다

버려진 속도들

―

거리에 익숙한 것들로 가득 찬 방에서 걸어 나온다
더는 질주하지 않아도 돼, 이는 얼마나 큰 위안인가
관성에 길이 든 멈추지 못한 나는 이제 여기에 없다
속도가 기억하지 못한 뒷덜미에서 걸쭉하게 흐른다
버스 종점을 지난 바퀴와 철망에 넝쿨식물이 자랐다
아직도 살아서 물결이 불어나는 거리는 불빛이 멀다
집게손 닮은 중장비에 끌려온 누더기가 다 된 삶들이
물결처럼 밀려왔다 휩쓸린 어둠만이 기억을 다독인다
한 번도 눈여겨본 적 없는 메꽃이 디딤발로 바깥을 본다
삶의 굴레가 남아 있는 바퀴의 바깥을 읽어 가는 중이다
달라붙어 딸려 드는 볕에 비누칠을 해 가며 던져도 보고
멀리 함께했던 살갗이 또 다른 것으로 도망쳐 달려가며
누운 길들이 굴러온 도심 거리를 침묵 속에 감는 중이다
햇빛이 비치는 휠에 늘어지는 거리를 모질게 털고 있다
바퀴의 흔적에 내가 남아 있으나 기억을 나선 나는 없다

―

튤립

한 번도 기억나지 않는 방에서 잠든 적이 있다
언 땅을 헤집고 피는 말 뿌리의 둥근 은유가
머리에 붉은 터번과 말 탄 사내들이 서성거린다
페르시아 여인들이 게슴츠레 눈을 반쯤 감은 채
창틀 사이로 붉은 대게를 그린 봄비가 번져 간다
탄창에 재어 둔 불꽃 파편이 백년초 가시로 돋는다
레테의 강 건너 기억을 둥글게 겨눈 가늠자 사이로
검은 나무들이 자란 도심 주말농장 습지 주변으로
죽은 개의 울음과 채찍 맞는 말이 길게 울며 눕는다
방의 벽지에 눅눅히 파충류의 푸른 비늘들이 돋는다
분홍빛 여자아이가 공터에 쭈그려 오줌을 찌끄린다
한 뼘 한 뼘 빗살무늬로 갈라치는 물결이 스며든다
혀를 내민 꽃들의 바깥이 웅성거린 소리로 와자하다

므네모시네

무기를 만들어 호황인 도시에는 유치원 폐업이 늘었다
회사로 출근한 사내들은 집으로 오는 길을 기억하지 못한다
텅 빈 씨앗 주머니를 찬 아이들은 지구를 떠날 날을 꿈꾼다
AI 교과서를 펴든 교실에는 이미 살다 간 과거로 가득하다
대기를 떠돈 음표와 거품이 하얗게 퍼진 바다를 들여다본다
처녀들은 드문드문 아이를 낳고 아이는 아비 없이 잘 자란다
농기구를 만드는 대장간 옆에는 녹슨 스텔스 비행기가 쌓였다
기억나지 않는 계절을 보낸 헌 옷들이 수거함 위로 넘쳐난다
검은 비닐 뭉치에 버린 기억들은 다시 돌아오지 않을 것이다
캡슐에 담긴 아비와 신생아실 고무젖꼭지를 그리워할 것이다
드론을 타고 떠난 카메라가 사람이 뜸한 도심을 물끄러미 본다
다시 한번 살아나는 것은 보이지 않게 사람을 닮은 것뿐이다

*므네모시네(Mnemosyne): 기억의 여신.

상남시장

화려한 봄날이 저무는 창원 상남동 시장터
묵은 토박이가 따분히 콘크리트에 둘러 있다
키 큰 빌딩 그늘에 나앉은 콩나물국밥집과
시루에 쪄서 말린 나물과 소쿠리에 담은 과일들
세상 대접받지 못한 품삯이 논투성이로 따져 낫다

시방은 월급쟁이보다 오토바이 아르바이트가 건방지게 많고 낡은 회사 사원복을 입은 팔팔한 늙은이가 무덤처럼 모인 아파트 구석구석에 갈피 없이 범벅이다 학교 마친 아이들은 주먹 불빛을 움켜 먹는 분식집에 든다 봄이며 여름이며 산책하러 가던 도심 숲속에는 매미 소리가 조용히 그치고 간간이 열린 가을이 대추나무에 제법 많이 굵었다

살아갈 일이 따분했거나 그럭저럭 여기까지 파도에 떠밀린 갯내 삶은 횟집들과 배를 따서 눈을 모조리 빼서 얼린 명태들이 목줄띠를 꿴 채 내걸린 건어물 가게며 보란 듯 세상인심을 한두 쾌 눌러쓴 모발 샵, 퇴근하는 파충류처럼 미끄러진 지느러미를 다듬은 손톱맵시방, 콩비지를 삶은 내음이 물큰한 두붓집 건너에는 소주만큼 만만해진 맥주에 길든 노래주점, 학원 간판이 학교보다 더 좋은 사정으로 민망하게

흥정하고 벽지에 덕지덕지 붙은 전봇대 조건만남이 치솟은 치맛단들을 이끌고 발길을 두르고 갈 곳이 막연한 저녁 풍경이 줄었다

창원 연대기

一
  이 박제된 울음은 누군가
  피도 안 간 내장을 걸쳐 놓고
  초록 버들가지에 소리가 든다
  팽팽히 탯줄 감은 나이테처럼
  목줄 타는 잎들이 겹겹 푸르다

  흥건히 소나비 감싸 주는 날에
  몇 나절 수국이 붉게 댕겨 들면
  용접 불빛에 나는 우화의 꿈처럼
  날리는 청동빛 잉걸불, 누가 떠나나

  몇 줌씩 던져진 도시의 어둠으로
  먼 죽음을 부르다 흥건히 잠이 든다
  빌딩 숲 떠도는 만행 선승처럼
  세속으로 갈아입지 못한 시간이 간다
  회색빛 나뭇잎들이 거리에 뒹굴도록
  텅 빈 우화를 꿈꾸는 그림자들이
  아무도 귀담지 않은 소리를 담고
  박제된 울음, 무엇이 떠난 것인가
一

들춰 쓴 안전모 필터에 낀 소리를 본다
무딘 지문으로 몇 줌 용접 불티 가득히
들썩인다 쇳물에 녹이 슨 노래를 줍는다
붉은점모시나비가 떠난 여름을 깁고 있다

터널을 지나며

―

야근하고 창원에서 진해로 가는 길목
듬성듬성 켜진 등불을 짚어 터널을 지난다
엎드려 잠이 든 아내의 등뼈가 길게 눕는다
삐걱대는 트럭을 타고 그대의 꽃잎을 지나고
불모산 성주사 새벽 풍경 소리 나직이 깔리고
나무를 지키는 새 떼들 불빛 사이로 흩어진다
아내가 누운 길이 풀이 숨 쉬듯 길게 눕는다

―

푸른 수염 나비

이른 아침 창문이 젖었다
어젯밤 비에 한 여자가 울고 갔다
푸른 수염을 기른 여인이 멀미하듯
삶은 옥수수에서 말없이 김이 올랐다
된바람에 물큰 비린내가 났다
바닷새 날갯짓에 파도가 출렁이자
하얀 바람이 고깃배 밑으로 파고든다
부두에 온몸을 맡겨 밤을 지새우는 배들이
파도의 지친 항해를 서로 다독이며 기댄다
끄덕끄덕 뱃머리를 서로 부딪쳐 가며 낡는다
푸른 수염 나비를 찾아온 것은 아니지만
다가서는 만큼 물러나는 문갑 달린 나비들
검푸른 당신의 문밖에서 퉁퉁 불어 무거워진
붉은 맨드라미가 항구를 어슬렁거리며
옥수수 밭길을 돌아오는 키 큰 너울을 몰았지

바다의 편지 1

―

가을 가야산에 오른다
갈참나무 잎새에 계곡 소리가 차다
오들오들 도토리가 설피 여물고
떨어진 잎들이 앞서 길을 오른다
산문 앞에 합장하고 목어를 바라보며
잠시 추녀 끝 출렁이는 바다를 그리워했다
바람 따라 저문 하루가 험준한 준령을 넘는다
굳게 잠긴 선방 툇마루에 오색 낙엽 두어 잎
까닭 없는 노을의 지청구를 내려놓는다
자리다툼이 여전한 숲속 앙상한 나무들
살아 있다는 것, 그래 여긴들 생이 없으랴
낡은 저녁 찻잔에 목어가 젖어 든다
먼바다에 햇살로 부서지는 파도가
여전히 여기 가야산을 켜 둔 채
홀연한 바람으로 잠을 청한다

―

바다의 편지 2

  개펄이 돋는다 바다가 사라졌다 밑을 들어 올리자, 개펄의 몸이 열린다 바다가 품은 파도와 뭍이 번갈아드는 곳 파도의 기억을 키웠다 바다의 손끝이 쓰다듬는다 파도가 질척댄다 끊임없이 개펄을 다시 새긴다 뭍과 바다가 빚는 신화를 갈대는 생각한다 부리가 더듬는 서술어를 짚어 가며, 끌어당겨 뭍에 닿고, 숨을 놓아 되뇐다 물밑 천년이면 사람이 된다는 수초들의 이야기를,

  개펄이 점점 좁아 든다 몸을 뒤척인다 두툼한 밑을 서성인다 뭍의 파도가 낙지와 고동과 조가비를 짓던 곳인데 바다의 경계를 수습 중이다 물결에 깎여 나간 물결에 몸을 씻는다 푸른 우뭇가사리가 검게 다문 바위의 기억을 붙잡고 나부낀다 파랗게 뭍을 흔드는 미역이며 청태 자락에 서로를 삼키며 끝없이 부서진다 도요새, 괭이갈매기, 왜가리, 흰뺨검둥오리가 입김을 불어 넣는다 파도의 잔해가 묻힌 신화가 갯내에 고이도록

밤비가 파두에 젖는다

一
   검은 돛배가 부두에 잠든다
   리스본 바닷가 선술집 파두처럼
   한번 떠나면 돌아오지 않던 화살처럼
   기약도 없이 파도는 푸른 자락을 끌어
   모래의 기억을 사막처럼 읽는다

   카메라 셔터에 터진 꽃들이 산기슭 따라 뭍에 머뭇거렸지, 누천년 묵은 나이테가 기억의 흰 뼈를 몰아 밤비를 쏟는다 빗나간 과녁을 짚는 화살의 기억으로, 따져 보니 백 년도 살지 못한 생의 무늬가 언제 정(定)한 결 따라 검은 돛배를 잠들게 하리오 늦은 밤비에

---

*파두(fado): 포르투갈의 역사를 담은 서정 음악.

파두에 젖다
― 진주 유등에 부쳐

  수평선을 엿듣는다
  강과
  강의 언어와
  강의 언어를 읽는 한 줌 달빛과
  강의 언어를 읽는 한 줌 달빛과 흰 옷소매가

  등(燈)이 앓는다 부서진 파도의 노래를 잊지 못한다 만질 수 없는 식솔들의 이름이 떠갔다 먼 고향의 초승달이 검은 돛배에 든다 등 굽은 아비와 어미가 저녁을 짓는다 뾰족한 불빛이 오롯이 나를 향했다

  모든 것을 보며 아무것도 보지 않는다

  부숴야, 꽃이 핀다
  강물이 흔드는 생이 아프다
  한 점 발끝을 딛고 몸을 던진다
  깨진 어둠이 하얀빛으로 환하다
  물고기 떼가 살갗을 물어뜯는다
  살아온 기억만큼 몸을 지불한다

바닷가 터미널 구두점 점묘

비 그친 오후 젖은 길을 잠시 벗는다
낯익은 옥타비오 파스가 구두를 만진다
무딋대를 붓 삼아 가죽을 긁어 오린다
밑창에 깔린 기호들이 바닥에 눕는다
이고 진 딸꾹질에 내몰린 발자국을 펜다
서너 평 컨테이너에 모여든 길을 닦는다
도심 끝 느낌과 물음이 엉킨 밑줄을 따라
길옆 가로수에 파도 소리가 희뿌옇게 선다
가시나무 잎사귀에 꽃들의 법문이 열리듯이
생이 벗은 가죽 내음이 가시처럼 쓸쓸했다
떠난 길이 모이고 다시 길을 잡는 곳에서
걷다 벗어 놓은 해진 구문(構文)을 짓는다
바다를 건진 그물에 물빛이 파닥거린다
검은 테 안경을 고쳐 쓴 수선쟁이 아재가
늦저녁을 보도블록 따라 터벅터벅 읽는다
먼 불빛에 쓰다 만 하루가 버스에 오른다

스피노자의 렌즈

봄 줄기가 파란 촉을 내민다
날카롭게 돋은 편광을 길게 당기며
가끔 통영 북신동 오거리쯤에서
높은 건물이 길게 누워 그림자를 낳고
산부인과 쪽문을 밀며 슬그머니 사라진다
버클리실용음악학원 1층 안경원에서
봄 줄기를 잡아 렌즈를 간다
늙은 스피노자가 박스 줍는 수레를 끈다
북신동 시장 골목길을 허리 숙여 지난다
사과를 쌓아 둔 자판을 넘어
바람에 흔들린 천막이 파도처럼 걸리고
갯나물 소쿠리를 앞에 두고 아낙이 존다
가랑이에 굴절된 아지랑이가 쓸쓸히 진다
삶이 보이는 것에만 머문 것이 아닌데
미안하게도 그늘만큼 굴곡진 렌즈처럼
볕은 그림자를 자꾸만 비켜 가며 꺾인다
길들지 않은 풍경으로 잠시 현기증이 난다
봄 줄기가 편광처럼 기웃 길거리를 살핀다
말없이 스친 차들이 몇 컷 흑백사진을 남기듯

동굴의 우화

　거울 뒷면에는 굴절된 기억이 산다 문턱 넘어 TV 화면이 흐른다 뻘밭에 장어를 꺼내듯 주검을 꺼낸다 홍수에 갇힌 터널은 동굴의 우화다 밤이 깊다 안과 밖이 같다 둥근 돌멩이가 하늘의 달을 닮았다 맷돌 아래 꺼낸 저녁 밥상에 추어탕 한 그릇, 친절한 주검을 퍼 올린다 수저에 걸친 그림자가 흔들린다 바깥에 고인 슬픔이 주저앉는다 평면에 갇힌 주검이 화면에 흐른다 맴돌이하는 국그릇에 목덜미가 칼칼하다 어쩔 수 없는 죽음은 없다 다만 기억이 굴절된 채 남을 뿐이다 동굴은 어두운 눈빛을 키우고 바깥은 여전히 동굴 안 어두운 밤에 익숙하다 주검만큼 큰 공간은 없다 이제 아무것도 변화하지 않아도 좋다 오래 살아남았다는 것은 더 오래 동굴의 울음과 마주해야 할 일인지 모른다 TV에 비친 뉴스는 여전히 거울 뒷면에 자리 잡은 우리 이야기다

*동굴의 비유(Allegory of the Cave 또는 Plato's Cave)는 이데아론을 설명하기 위해서, 고대 그리스의 철학자 플라톤이 생각한 비유이다. 『국가』 제7권에서 상술된다.

해변 식당에서

그녀는 어느 날엔가 읽었던 점자책 한 장면을 떠올린다
볕 쬐던 노인들이 하나둘 나무가 되어 올랐다는 언덕에는
눈꺼풀 뒤편에 흰 눈이 펄펄 날리는 그런 시간이 흐른다
지난밤 들개 울음에 후추나무 비닐 영혼이 붉게 익어 가고
아이들은 연하게 조금 붉은 데가 있는 기억을 집어먹는다
두껍게 어두워져 가는 해안선처럼 나는 그대를 그리워하고
선창에 번지는 잠들지 못한 방들이 눈처럼 떠났던 날들이
바닷가 파도처럼 숟가락 서랍을 끄집어냈다 밀었다 한다

바다 한 점

一 이 한 점, 무엇
　　시 한 접시,
　　바다 한 점

　　붉은 초장을 발라 삼킨다
　　한입 가득 바다를 읽는다
　　삼가 조사의 탄식을 우물거린다
　　등지느러미 줄기로 어간을 삼고
　　꼬리지느러미 잎사귀로 어미를 지어
　　시큼한 활용어 한 접시 시켜 놓았다

　　수만 년 파도를 품은 나는 수만 년 나를 증식한다

二

화엄경을 읽다

툇마루 거미줄이 비를 맞는다
허공에 얽힌 실들이
볕에 기대며 서로 살갑다
하늘과 땅,
비와 빗줄기 사이
주름들이 펄럭인다
삶의 무늬가 맺힌 물방울들이

여기 있으므로 저기 있고
저기 있으므로 여기 있다
이것이 없으므로 저것이 없고
저것이 없으므로 이것이 없다

동충하초

一

떡갈나무 서랍을 연다
서랍 안 매미 소리로 우글거린다
열린 눈이 잠시 눈부셔 깜깜하다가
모락모락 김을 뿜어 열리는 전기밥솥처럼
안이 가벼워지고 바깥이 두터워질 때
겨드랑이는 지느러미로 우화 중이다
이 습한 어둠은 무엇이 떠난 자리인가
두터워진 그늘이 창문을 밀고 가며
층층이 잠든 어둠이 하얗게 몸을 푼다
붉은 혀들이 새싹처럼 새김질이다
입 한 모금 머금어 하늘을 보고
또 한 모금 축이며 날개를 녹인다
떡갈나무 잎이 변한 새의 부리를
아무도 묻지 않는다
겨울 숲길에
몇 밤을 걷다 그 일이 일어난 것인지
어떤 것은 하얗게
또 어떤 것은 파란
눈길에 녹아든 새 발자국과 흰소리가
붉은 열매를 몇 점씩 쪼다 잠이 든다

구석에 매만져지는 그림자 한 줌
소매 깃 바람은 기억의 춤사위다

우두커니

 그림자가 늘었다 정년을 하고 퍼내고 퍼내도 부사가 늘고 무게와 짜증이 늘고 모자가 늘고 안경 도수가 늘고 망치질이 늘고 약그릇이 늘고 버릴 것이 늘고 헝겊이 늘고 잊어버림이 늘고 혼자가 늘고 창고가 늘고 버려진 것이 늘고 그림자가 늘고 쓰고 남음이 늘고 지갑이 늘고 남아 놀음이 늘고 혼잣말이 늘고 떠난 이가 늘고 치과 방문이 늘고

 풍경이 줄었다 아이가 시집을 가고 짬을 내고 짬을 내 봐도 형용사가 줄고 너비와 높이가 줄고 메모가 줄고 쓸모가 줄고 거리가 줄고 통화 시간이 줄고 식구가 줄고 말동무가 줄고 아파트 평수가 줄고 살림살이가 줄고 잔소리가 줄고 말수가 줄고 그릇이 줄고 숟가락과 젓가락 수가 줄고 반찬 수가 줄고 기억이 줄고 그림자가 줄고 키가 줄고 바지 길이가 줄고 추억이 줄고

 슬픔이 자랐다 눌러도 눌러도 조사와 술어가 자라고 주머니가 자라고 크기와 공간이 자라고 돌아봄이 자라고 혼자 걷는 것이 자라고 뼈마디가 자라고 흩어짐이 자라고 흙먼지가 자라고 그늘이 자라고 보이지 않음이 자라고 라디오 소리가 자라고 벽지에 얼룩이 자라고 거실에 화분이 자라고

이부자리가 자라고 둘레에 빈 곳이 자라고 옆자리가 자라고

 시간이 크다 모음이 크고 돌아옴이 크고 낡음이 크고 부고 소식이 크고 손주 놈 잔소리가 크고 유치원 담벼락이 크고 떨어진 단추가 크고 빈 잔이 크고 혼자 걷는 아이가 크고 굴러다니는 나사가 크고 텅 빈 우체통이 크고 축 늘어진 우유 팩이 크고 바지 자크 헐렁함이 크고 느티나무의 흔들림이 크고 혼자 웃음이 크고

화분의 상상력

一
　사납게 친 여름비에
　모시 구름이 푸른 산을 덮쳤다
　밤새 빗줄기가 흘림체로 새겼다
　먼 계곡 소리 치레가 꽃잎에 젖었다
　목화밭 너름새에 목청을 쏟았다

　사납게 여름비 내린 날은
　동네 아낙들
　막,
　화분을 내놓는다

一

계엄령

> 서로 날을 세우는 두 개의 언어가 어찌나 집요하게 서로를
> 파괴하는지 결국에는 모두가 침묵과 죽음이라는 최후의
> 목표를 현실로 만들기 위해 나아가는 그런 상태를 말이야
> ―알베르트 카뮈, 『계엄령』

프라이팬에 눌어붙은 계란후라이 탓인가
우주처럼 널브러진 흰자위에 봉긋한 노른자
플라스틱 국자로 한 번 더 눌러둘 것을
토란잎 쓴 아이들이 눈알을 굴리며 가고
달걀부침과 프라이팬 사이 눌어붙은 언어가
식용유에 납작 엎드린 신문 사이로 삐걱대고
어떤 문법도 해석할 수 없는 모국어가 흐른다

얼마를 더 가야 그리움이 보일까

도시의 새벽길을 쪼는 비둘기 떼가 옹기종기
바퀴 달린 소리가 소란스러운 음식물 쓰레기들
시청 앞 광장으로 가로등 불빛만 가득 메운다
플라스틱 모이로 허기를 줍는 목뼈가 굳어 간다
불룩이 헛배가 부푸는 삶도 죽음도 아닌 날들이
여름날에도 푸르지 못한 숲속에 주저앉아 운다
탯줄처럼 풀리는 플러그를 매단 거리를 나서면
차가운 구렁 속 짐승들이 재빠르게 빠져나온다
추위에 떠는 풀잎이 거리 곳곳 뿔뿔이 흩어진다
흐린 눈망울을 굴리며 기억을 줍는 비둘기 떼가
휘어진 척추를 뻗으며 구겨진 목마름을 찾는다
산비탈에 더운 흙 내음을 일구어 가던 그 자리에
눈먼 이 거리는 얼마를 더 가야 그리움이 보일까
하얀 불빛을 털며 온몸 앙다문 부리로 몸을 떤다

아카시아 초록 시첩(詩帖)

아카시아 이파리가 우거진 오솔길에는
누군가 놓고 간 틀니가 쭈그리고 앉아
창원대 뒷길 약수터에 홀로 중얼거린다
박제된 말들이 말라 가며 기억을 줍는다
딱딱하게 굳은 그리움을 되새김 중이다
입밖에 내뱉지 못한 문장을 통째로 물고
우화 못한 날들을 입안 가득 우물거린다
사라지고 드러나는 그림자가 파닥거린다
몸을 묶은 낱말을 품고 낱낱이 찰랑댄다
오물쪼물 입질하는 물고기 떼를 불러 모아
웅덩이에 갇힌 거울 속 기억을 읽고 있다
뒤안길에 머뭇거리는 오솔길을 쫓아가며
잊어버린 말들이 수북이 쌓인 귀를 비튼다
빙하기 고래 등이 내뿜은 슬픔을 매만진다

해설

파편화된 기표들의 그물

오민석(문학평론가)

 적지 않은 독자들이 최형일의 시집을 읽고 당황할 것이다. 그의 시들은 비약과 일탈의 구문을 난사하고 파편화된 이미지들의 파편적 나열을 통하여 의미의 안정성을 뒤흔든다. 그의 시는 마치 정해진 착지점도 없이 길 없는 공중에서 떠도는 패러글라이더 같다. 그의 시들은 초점이 흐린 가늠구멍으로 자꾸 멀어지는 조준점을 들여다보는 사수처럼 난감한 정동(情動)을 보여 준다. 그는 또한 전통 서정시의 확실한 주체를 거의 보여 주지 않는다는 점에서 포스트-서정시인(post-lyric poet)이다. 그에겐 세계 또한 확실한 현존이 아니라 연결점도 없이 자꾸 끊어진 흔적으로 존재한다. 그는 뿌옇게 흐려진 창문으로 잘 보이지 않는 바깥을 그린다. 그는 포착하려 할 때마다 굴절되고 미끄러지며 도망치는 세계를 향하여 파편화된 그물을 던진다. 그의 시들은 이렇게 실재의 뒷덜미에 흩뿌려진 기표의 그물들이다. 그렇지만 그는 서정 시대의 왕처럼 자신의 감정을 전경화하지 않는다. 그는 흐려진 세계처럼 주체도 흐릿해졌음을 안다. 이제 왕이 큰소리를 내어 운다고 해서 아무도 따라 하지 않는다. 그는 절망하는 내면을 앞에 내세우지 않고 흐려진 주체와 흐려진 세계를 파편화된 문장에 걸쳐 놓는다. 이 탈서정적·탈낭만적 객관화야말로 주관화되지 않는 세계를 드러내는 최형일 시인의 독특한 전략이다.

혼란스럽기 짝이 없는 이 시집의 길잡이는 놀랍게도 이 시집에서 시들보다 먼저 등장하는 「시인의 말」에 암시되어 있다.

> 거울 속에서 희디흰 뼈들이 자라듯이
> 닮음과 비슷한 것들이 기억을 비튼다
> 혼자서도 알을 까고 자라고 날아간다
> 거리와 시간 넘어 스며들고 사라진다
> 끝없이 흩어지고 깨어지고 부수어진다

비유의 첫 번째 문장을 제외하고 나머지 주절의 동사들을 모아 보면 일정한 패턴이 완성된다. 그의 시들은 비틀고, 날아가고, 사라지고, 부수어지는 것들의 흔적을 쫓는 이야기이다. 전체적으로 볼 때, 최형일은 이 시집에서 주체가 어떻게 기억의 흔적을 비틀고, 어떻게 산탄(散彈)처럼 날아가며, 그것과 더불어 실재(혹은 실제)의 시공간이 어떻게 사라지고, 마침내 부수어지는지 말하고자 한다.

언제인지, 언제부터인지 늘 같은 바다는 어디부터인지 읽고 간 문장인지, 기억나지 않는 부두에 삶을 켠다

(중략)

물의 뼈들이 갯가에 걸린 그물에 반짝인다 덜 마른 물비늘이 비워진 공간과 공간 사이를 비튼다 멀어짐과 사라짐에 익숙한 바다가 있다 사라짐 없이 살아 내는 바다는 없다 (중략) 기억나지 않는 문장이 오간다 물결의 기억을 그물에 꿰는 바람이 뒤척인다

(중략)

나비들이 한 잎 두 잎 나풀거린다 기억나지 않는 서술어로 길게 눕는다

(중략)

배들이 창가로, 메모지로, 희미하게 스며든다 기억나지 않는 이름을 부르고, 존재하지 않는 시간을 쓴다 왜 이곳에 있냐고 묻는다 봄은 너무 빨리 지나가고, 물결은 이미 봄을 잊었다고, 꽃이 떨어진 부두 둑길에 초록을 심는다 사라지는 물결이 먼 바다를 당긴다 사라짐 속에서만 피는 바닷길 따라 봄날은 간다 기억나지 않는 바닷길을 찾아 배들이 멀어진다

(중략)

　초록이 둑길을 오른다 우리가 길이라 부르는 것은 망설임이다 바다는 매일 같은 풍경을 바라보지만, 파도는 늘 다른 문장을 건넨다

　(중략)

　사라지는 문장을 물고 물고기 떼가 거울로 들어간다 비린내가 희미하게 번진다
　　　　　―「시뮬라크르의 봄― 진해 행암에서 한나절」 부분

긴 인용을 한 것 같지만, 이 시의 전문은 무려 일곱 쪽에 이르며 각각 별도의 번호와 제목을 가지고 있는 10개의 부분으로 이루어져 있다. 독자들은 이 시집의 제일 앞에 나오는 이 시의 제목에 먼저 주목할 필요가 있다. 부제에 "진해 행암에서 한나절"이라는 현존의 시공간을 상세히 명시하면서도 시인은 제목을 "시뮬라크르의 봄"이라 붙인다. 그는 실물의 세계를 보고 있지만 그것을 실물이라고 확정할 수 없다. 그가 볼 때 그의 눈에 들어오는 것은 실물이 아니라 이미지, 게다가 원본도 없이 복제만 존재하는 이미지, 즉 '시뮬라크르'이다. 그는 눈앞에 보이는 "진해 행암"의 아름다운 봄 풍경을 실제보다 더 진짜 같아진 가짜로 읽는다. 시

뮬라크르는 원본이 사라지고 복제만 남은 상태의 이미지이므로, 이런 세계에서 본질, 진실, 물자체, 실재를 이야기하는 것은 아무런 의미가 없다. 그는 자신이 본 시뮬라크르를 시뮬라크르인 기호들을 동원하여 묘사한다.

  이 시를 이 시집의 제일 앞에 배치한 이유가 있을 것이다. 이 시는 이 시집에서 가장 길며, 총 3부로 이루어진 이 시집 제1부의 제목이기도 하다. 말하자면 이 시는 이 시집 전체의 설계도이자 조감도 같은 것이지만, 이 시집을 펼쳐 가장 먼저 이 시를 읽으면서 독자들은 이 설계도가 '친절한' 지도가 아님을 금방 느낄 것이다. 왜냐하면 이 시는 제목에서도 시사하듯이 벚꽃 축제로도 유명한 진해의 아름다운 봄날에 대한 낭만적·서정적 묘사와는 전혀 다른 방향으로 가기 때문이다. 이 작품엔 낭만적 서정을 전달할 일관되고 안정적인 주체가 없다. 시인은 세계를 조망할 내면보다 실물을 대체한 바깥의 이미지들을 파편적으로 묘사하는 데에 더욱 집중한다. 그리고 이 과정에서 가장 자주 반복되는 것은 "기억나지 않는"이라는 구절이다. 시인은 이 시에서 안정된 기억을 생산할 수 없는 주체의 "기억나지 않는 부두", "기억나지 않는 문장", "기억나지 않는 서술어", "기억나지 않는 이름", "기억나지 않는 바닷길"을 호명해 낸다. 그것들은 기억나지 않으므로 오로지 파편적이며 비연속적인 이미지들로만 그려질 수 있으며, 결국 비틀어지고 멀어지며 사라진다("비튼다 멀어짐과 사라짐에 익숙한 바다가 있다 사라짐 없이 살아 내는 바다는 없다"). 「시인의 말」에서 시작된 비틂과 사라짐에 대한 감응은 바로 이어지는 이 시에서도 강박적으로 반복된다("사라지는 물결이 먼바다를 당긴다 사라짐 속에서만 피는 바닷길", "사라지는 문장을 물고 물고기 떼가 거울로 들어간다").

시인이 볼 때, 원본이 '사라진' 시뮬라크르의 세계에서 확실한 것은 아무것도 없다. 시인의 말대로 "우리가 길이라 부르는 것은 망설임이다". 확실한 길은 없다. 이 시집에서 최형일 시인이 하는 작업은 확실한 세계의 '재현'이 아니라 재현 불가능한 세계의 파편적 '재구성'이다. 그는 시뮬라크르의 세계를 시뮬라크르의 기호로 재구성한다.

부재를 직조한 원형의 폐허가 있다

나이 들어 얼마 남지 않은 출근길,
모두 떠나 홀로 남은 아파트 문을 나선다
밤새 쓰다 만 문장을 곱씹으며 길을 나선다

꿈을 꾸었고, 중심 없는 뼈와 삶을 짓고, 죽음의 무늬를 놓았다

(중략)

문장과 문장을 기대어 늘어지고 팽팽해지며 얇고도 끈질긴 의미의 그물을 만들어 간다 한 문장이 다른 문장을 불러내거나 또 다른 문장이 그 문장을 잇거나 오래된 문장을 지우거나 다시 첫 문장 이전의 기억을 당기며 바람도 없는 허공의 한가

운데에 머뭇거리다가 나는 실은 신호등이 바뀐 것도 모른 채 회전교차로에서 발버둥 치는 거미줄에 걸린 날벌레가 된다 백미러에 나방의 몸짓이 스친다 나는 끝없이 호출된 문장 속 인용부호이거나 침묵이고 여백이며 모든 문장의 뒤에 숨어 있거나 그 앞에 나타나는 다음 문장의 시작이다

—「거미의 집」부분

  이 작품은, 사태를 설명하고 있는, 그래서 상대적으로 이해하기 쉬운, 이 시집에서 몇 편 안 되는 시들 중의 하나이다. 그리고 결론은 첫 문장에 이미 다 나와 있다. "부재를 직조한 원형의 폐허"라니. 그의 시는 무엇보다도 부재하는 중심, 부재하는 실재, 부재하는 형상(Form)을 향해 있다. 기표들은 부재하는 중심을 향해 난무하지만, 그것에서 계속 미끄러질 수밖에 없다. 그것은 끝내 실재에 가닿을 수 없으므로, 그런 점에서 실패가 예정되어 있으므로, 그것을 직조하려는 모든 시도는 그 자체 "폐허"이다. 최형일은 자신의 글쓰기가 허공에 집을 짓는 거미의 그것과 다를 바 없다고 생각한다. 그에게 글쓰기는 없는 것을 찾아 헤매는 일이므로 일종의 "꿈"이고, "중심 없는 뼈와 삶을 짓"는 일이며, 결국은 "죽음의 무늬"를 만드는 일이다. 그는 "허공"의 한가운데에서 "끈질긴 의미의 그물"을 만들어 가다가, 그것을 지우다가, 때로는 언어 이전의 기억을 꿈꾸다가, 기호들의 연쇄에 걸린 "날벌레"가 된다. 그는 자신이 낭만적 서정시의 확실한 주체처럼 존재하지 않고 "모든 문장의 뒤에 숨어 있거

나" "침묵이고 여백이며", 기껏해야 자신이 만든 거미줄-문장의 "인용부호"라고 고백한다.

> 어렵다 번역될 수 없는 이미지는
> 전장터의 홀로그램으로 번져 간다
> 말이 되지 못한 기호들을 마주한다
> 이번 전장은 오직 이미지의 은유다
> 손톱 크기만도 못한 전장의 길이가
> 잠시 TV 화면 속을 지나가고 있다
> 낱낱이 기재된 이미지들이 사라진다
> 두껍게 발린 치약의 떨림과 열림이
> 녹슨 이빨에 낀 말문을 닦는다
> 총구를 겨눈 거울이 마주 본다
> 어둠 속 동트는 아침이 가까이 있다
> 그것은 나를 입고
> 나는 그것을 입는다
> 서로 다른 이미지 너머에 지금을 산다
> ―「채집기(採集期) 2―무선 마우스」 전문

 해체된 혹은 후경화된 주체가 하는 일은 부재하는 실재를 재구성하는 일이다. 상징계에서 그 자체 기호에 불과한 주체가 세계를 재구성하는 방법은 "이미지의 은유"밖에 없다. 기호들은 마치 "홀로그램"처럼, 허깨비처럼, 부재하는 실재의 주변으로 번져 가고, 실재의 재구성인 이미지들도 자꾸

"사라진다". 왜냐하면 이미지들은 그 자체 부재하는 중심을 계속 겉돌고 있기 때문이다. 주체와 세계는 시뮬라크르의 세계에서 서로를 들여다보며 서로에게 "총구를 겨눈 거울"이다. 그것들은 서로 마주 보면서 상대를 재구성하지만, 결국 "그것"이 입는 것은 '나'이며, '내'가 입는 것은 "그것"이므로, 이것들이 재구성한 실재란 사실 곱빼기가 된 시뮬라크르에 불과하다. 제목의 "채집기"란 이렇게 글쓰기의 주체가 이미지로 실재를 재구성하는 방식을 말하는데, 부제 "무선 마우스"가 보여 주는 것처럼 디지털 시대의 "채집기"는 그 자체 시뮬라크르로 시뮬라크르의 연쇄를 만드는 방식으로 존재한다.

> 한 번도 기억나지 않는 방에서 잠든 적이 있다
> 언 땅을 헤집고 피는 말 뿌리의 둥근 은유가
> 머리에 붉은 터번과 말 탄 사내들이 서성거린다
> 페르시아 여인들이 게슴츠레 눈을 반쯤 감은 채
> 창틀 사이로 붉은 대게를 그린 봄비가 번져 간다
> 탄창에 재어 둔 불꽃 파편이 백년초 가시로 돋는다
> 레테의 강 건너 기억을 둥글게 겨눈 가늠자 사이로
> 검은 나무들이 자란 도심 주말농장 습지 주변으로
> 죽은 개의 울음과 채찍 맞는 말이 길게 울며 눕는다
> 방의 벽지에 눅눅히 파충류의 푸른 비늘들이 돋는다
> 분홍빛 여자아이가 공터에 쭈그려 오줌을 찌끄린다
> 한 뼘 한 뼘 빗살무늬로 갈라치는 물결이 스며든다

혀를 내민 꽃들의 바깥이 웅성거린 소리로 왁자하다
—「튤립」 전문

  앞에 인용한 작품들이 이미지 외에도 그나마 시적 '개념'을 동원해 시인의 주체관과 세계관을 보여 준다면, 이 작품은 그가 어떻게 파편적 이미지들을 연결해서 부재하는 실재를 화려하게 에워싸는지, 그 시적 실천을 잘 보여 준다. 첫 행에서 마지막 행까지 이미지들은 기억의 논리적 순서를 아예 무시하고 마치 무의식의 흐름을 보여 주듯 파행적으로 연결된다. 시인은 이런 비논리의 알리바이로 이 시가 "한 번도 기억나지 않는 방에서 잠든" 때의 이야기라는 사실을 첫 행에서 제시한다. 그것은 기억나지 않는 공간에서의 일이므로 시공간의 제약을 받을 필요가 없는 이야기이며, 잠이 들어 꿈속에서 본 이야기이므로 인과관계를 무시한 무의식의 흐름을 다루어도 된다. 그곳에선 "말 탄 사내들"과 "페르시아 여인들", "죽은 개"와 "채찍 맞는 말", "푸른 비늘"의 "파충류"와 "분홍빛 여자아이"가 두서없이 연결되고, 이것들은 "붉은 대게" 같은 "봄비"와 "불꽃 파편" 같은 "백년초 가시", "레테의 강"과 "도심 주말농장"을 헤집고 다닌다. 그런데 놀랍게도 이 모든 소란은 "혀를 내민 꽃들의 바깥"이다. 파편적이고 초현실적인 이미지들은 꽃의 내부로 한 발짝도 들어갈 수 없다. 왜냐하면 그것들은 언어 지배의 상징계에선 부재나 다름없는 중심이므로. 그러므로 독자들은 각각의 이미지들을 일관성 있는 의미로 엮으려고 애

쓸 필요가 없다. 그것들은 모두 점근선(asymptote)적으로밖에는 다가갈 수 없는 것의 주변을 떠도는, 비고정적이며 불연속적인 기표들이기 때문이다. 최형일의 시들은 이렇게 부재하는 중심을 향해 쏘아 올린 불꽃들 같다. 불꽃의 아름다움은 불꽃 자체에 있다. 누가 불꽃의 의미를 묻는가.

> 검은 돛배가 부두에 잠든다
> 리스본 바닷가 선술집 파두처럼
> 한번 떠나면 돌아오지 않던 화살처럼
> 기약도 없이 파도는 푸른 자락을 끌어
> 모래의 기억을 사막처럼 읽는다
>
> 카메라 셔터에 터진 꽃들이 산기슭 따라 뭍에 머뭇거렸지, 누천년 묵은 나이테가 기억의 흰 뼈를 몰아 밤비를 쏟는다 빗나간 과녁을 짚는 화살의 기억으로, 따져 보니 백 년도 살지 못한 생의 무늬가 언제 정(定)한 결 따라 검은 돛배를 잠들게 하리오 늦은 밤비에
>
> ―「밤비가 파두에 젖는다」 전문

표제작을 읽으며 정리하자. 파두(fado)의 여왕 아말리아 호드리게스(A. Rodrigues)가 부른 「검은 돛배(Barco Negro)」는 바다로 떠난 후에 돌아오지 않는 연인을 향해 부르는 통한의 노래이다. 가사를 보라. "그리고 난 바위에 꽂힌 십자가를 보았어요. 당신의 검은 돛배가 불빛 아래 춤추는 것을 보았지

요. 그리고 늘어뜨린 돛 사이로 당신이 손을 흔드는 것을 보았습니다. 바닷가 노파들이 당신이 돌아오지 않을 거라고 내게 말하네요." 파편화된 주체가 파편화된 이미지를 엮어 사라진 실재를 재구성하는 일은 "빗나간 과녁을 짚는 화살의 기억"을 좇는 일일 수 있다. 실재는 죽음의 "검은 돛배" 아래서 다시는 돌아오지 않을 듯 손을 흔든다. 그런 기억이 "누천년"이라면, "백 년도 살지 못한 생의 무늬"가 그런 죽음을 잠들게 할 수 없다. 게다가 "늦은 밤비"라니. 실재는 멀고 과녁은 늘 빗나간다. 그렇지만 서둘러 포기할 필요는 없다. 시는 "카메라 셔터에 터진 꽃들"처럼 늘 실재의 "뭍에 머뭇거"린다.